Stephen W. Smith

Lebe!
Folgen Sie Ihrer Sehnsucht nach Veränderung
und echtem Leben

Stephen W. Smith

Lebe!

*Folgen Sie Ihrer Sehnsucht nach Veränderung
und echtem Leben*

Aus dem Amerikanischen übersetzt von Barbara Schuler

Verlagsgruppe Random House FSC-DEU-0100
Das für dieses Buch verwendete FSC®-zertifizierte Papier *Super Snowbright*
liefert Hellefoss AS, Hokksund, Norwegen.

Das amerikanische Original erschien im Verlag David C. Cook,
4050 Lee Vance View, Colorado Springs, CO 80918 USA,
unter dem Titel „The Lazarus Life".
© 2008 by Stephen W. Smith
© 2011 der deutschen Ausgabe by Gerth Medien GmbH, Asslar,
in der Verlagsgruppe Random House GmbH, München
Die Bibelzitate wurden, sofern nicht anders angegeben, der folgenden
Bibelübersetzung entnommen: „Neues Leben. Die Bibel", © 2002 und 2006
SCM R.Brockhaus im SCM-Verlag GmbH & Co. KG, Witten.

1. Auflage 2011
Bestell-Nr. 816 570
ISBN 978-3-86591-570-2

Umschlaggestaltung: Hanni Plato
Umschlagfoto: Shutterstock
Kartenmotiv: Die Auferweckung des Lazarus, von Giotto di Bondone (1267–1337)
Lektorat und Satz: Nicole Schol
Druck und Verarbeitung: GGP Media GmbH, Pößneck
Printed in Germany

*„The Lazarus Life" widme ich
Lazarus von Betanien, 1. Jahrhundert n. Chr.,
Giotto di Bondone, 14. Jahrhundert n. Chr.,
und
Dallas Willard, 21. Jahrhundert n. Chr.*

Inhalt

Dank 9

Kapitel 1: Ich bin Lazarus 13

Kapitel 2: Der Jesus, der sich Zeit lässt 27

Kapitel 3: Im Grab gefangen 47

Kapitel 4: Die Stimme der Liebe. 69

Kapitel 5: Geistliche Umgestaltung 95

Kapitel 6: Auf das Leben zugehen 113

Kapitel 7: Die Grabtücher benennen. 133

Kapitel 8: Die Grabtücher entfernen. 157

Kapitel 9: Im Licht leben 175

Kapitel 10: Das Lazarusleben 195

Anmerkungen 209

Dank

Ein gewöhnliches Buch über ein derart ungewöhnliches Thema zu schreiben war für mich ein ganz besonderes Unterfangen. Es war erhebend und erschöpfend zugleich. Lazarus war mir schon seit vielen Jahren ein Begriff, Ihnen vielleicht auch. Doch erst als ich einmal einen Kunstbildband durchblätterte, sah ich plötzlich mehr, als ich bisher in dem Evangeliumsbericht von Johannes entdeckt hatte. Primitive und mittelalterliche Künstler, Künstler der Renaissance und der Moderne, sie alle versuchten, auf Leinwand zu bannen, was Johannes in seinem Evangelium erzählt. Jedes Gemälde erzählt einen anderen Teil der Geschichte, doch ihre Botschaft ist die gleiche: Es ist möglich, ganz ähnlich umwälzende Erfahrungen zu machen wie Lazarus!

Die Bilder und der Evangeliumsbericht wurden für mich zu Bild- und Tonspur eines Films, den ich mir bei Bedarf jederzeit ansehen konnte. Ich fing an, mich selbst in den Gemälden wiederzufinden, vor allem in dem von Giotto di Bondone. Giotto gilt in gewisser Hinsicht als Vorreiter, weil er zu den ersten italienischen Malern gehörte, die in ihren Werken Stimmungen, Gesichtsausdrücke und Gefühle darstellten. Er gilt weithin als wichtiger Vertreter der italienischen Renaissance-Malerei. In Giottos Darstellung von Lazarus' Geschichte haben einige der Zuschauer Heiligenscheine, andere nicht. Einige weichen vor Lazarus zurück, andere berühren ihn. Einige beten an, andere zweifeln. Lazarus ist natürlich auch da, aber nicht so richtig lebendig und vollständig in unansehnliche Grabtücher eingewickelt. Es ist, als wollte Giotto jeden von uns dort hineinstellen – direkt ins Zentrum des Geschehens –, wo wir mit Jesus und Lazarus an einem ganz individuellen Punkt auf unserer geistlichen Reise stehen.

Ich glaube nicht, dass ich jemals mit Lazarus „fertig" sein werde. Ich hoffe, Sie auch nicht. Damals fing ich an, über einige der Erkenntnisse, die Lazarus uns schenken kann, Vorträge und Predigten zu halten, und bediente mich der Geschichte von Lazarus, um meinen Zuhörern zu illustrieren, wie sich (geistliche) Veränderung vollzieht. Die vielen positiven Rückmeldungen, die ich fast immer bekam, zeigten mir, dass ich hier auf etwas gestoßen war, dem ich mich noch intensiver widmen musste. Ich stehe daher in der Schuld jedes Künstlers, der diesen erstaunlichen Mann namens Lazarus gemalt hat, und jedes Schriftstellers, der ein Wort über ihn zu Papier gebracht hat. Sie alle waren mir eine wirklich große Hilfe.

Ich war mit mehreren Verlegern über „The Lazarus Life" im Gespräch und am Ende fiel meine Wahl auf *David C. Cook*. Ich bin sehr froh über diese Entscheidung. *David C. Cook* befand sich zu dieser Zeit selbst in einem Veränderungsprozess und entwickelte den Slogan „Transforming Lives Together" („Gemeinsam Leben verändern"), der Teil seines Verlagslogos ist. Mein Interesse galt dem Unternehmen vor allem deshalb, weil es sich darum bemüht, bei seinen Publikationen immer wieder auch die örtlichen Gemeinden anzusprechen – ein Ort, an dem ich mein gesamtes Arbeitsleben verbracht und gelebt habe, in dem Versuch, anderen zu helfen. Mein ausdrücklicher Dank gilt dem Team von *David C. Cook* dafür, dass sie an dieses Projekt geglaubt und mir John Blase als Lektor zur Seite gestellt haben, der über den Feinschliff des Textes hinaus die richti-

10

gen Worte fand, wenn ich nicht mehr weiterwusste oder zu ängstlich war. Sie haben den Traum mit mir zusammen geträumt, und gemeinsam durften wir erleben, wie mehr entstanden ist als nur ein Buch. Mein besonderer Dank gilt Elisa Fryling Stanford, die stundenlang mit mir an der Struktur des Buches gearbeitet hat, fehlende Teile ergänzt und mein eigenes Verständnis seiner Inhalte erweitert hat. Wir haben beide gemerkt, dass das Buch ein Eigenleben entwickelte, das größer, tiefgehender und weiter war als die Wörter, die auf einem Computer getippt oder auf einer Seite gedruckt worden waren. So sei es denn!

Beim Schreiben dieses Buches standen mir liebe Freunde zur Seite, die nicht nur viel von Erneuerung verstehen, sondern mir mit ihrem eigenen veränderten Leben leuchtende Vorbilder sind. Dazu zählen: Rick Campbell, John und Denise Kapitan, Chuck und Kim Millsap, Sean und Kathy Buchanan, Lea und Susie Courtney, Russell und Kate Courtney, Jim und Renee Hughes, Frank Rudy, Bob und Sherry Sprotte, Jim und Leta Van Meter, Scott und Beth Shaum und Greg und Yvonne Meyer.

Großen Dank schulde ich auch den Unterstützern unseres christlichen Werkes „Potter's Inn". Sie stehen treu zu uns und unterstützen die fortlaufende Arbeit, bestehend aus Einkehrtagen, Seelsorge und der Entwicklung von Materialien und Hilfsmitteln wie diesem Buch.

Die Geschichten in diesem Buch sind alle wahr, doch die Namen wurden zum Schutz der Schuldigen und der Verwandelten verändert! Jeder, der sich mit mir über das Thema unterhalten hat, wurde für mich wiederum zu einem Mentor, der mir geholfen hat, den „zu spät kommenden" Jesus, die stinkenden Grabtücher und das sich auch heute noch ereignende Wunder der Umgestaltung besser zu verstehen. Danke. Mein Dank gilt auch den Betalesern, die das Manuskript gelesen und mir Tipps für Verbesserungen gegeben haben.

11

Auf meinem eigenen Weg hin zu einem veränderten Menschen habe ich Wegbegleiter gefunden – einige davon in Buchform und andere leibhaftig –, die mit mir zusammen unterwegs sind, die sich meiner Grabtücher erbarmten und mich zu Jesus schoben. Namentlich genannt seien Craig und Beryl Glass, Paula Rinehart, Dallas Willard, David Benner, Henri Nouwen, Ray und Lynn Walkowski, Michael und Hallie Doyle, Gloria Smith Schwartz (meine geliebte Schwester), Gwen H. Smith (meine zutiefst geliebte Frau) und Blake, Jordan, Cameron und Leighton Smith (meine zutiefst geliebten Söhne).

Ich danke auch meinen Eltern Sonny und Rena Smith dafür, dass sie mir geholfen haben, meine tiefsten Sehnsüchte und mein größtes Bedürfnis zu verstehen – authentische Veränderung zu erleben.

Stephen W. Smith
Potter's Inn in Aspen Ridge
Divide, Colorado

Kapitel 1

Ich bin Lazarus
Sich selbst in der Geschichte entdecken

„Ein Mann namens Lazarus war krank. Er wohnte mit
seinen Schwestern Maria und Marta in Betanien …"
Johannes 11,1

- Weil unsere Seele krank ist, brauchen wir
  Veränderung.
- Wir verändern uns nicht, wenn wir uns darum
  bemühen, uns Liebe zu verdienen. Wir verändern
  uns, wenn wir geliebt werden.
- Nur bei Jesus finden wir das Leben, nach dem wir
  uns zutiefst sehnen.
- Die Geschichte von Lazarus ist im Grunde die
  Geschichte jedes Christen.

Ich bin Lazarus. Und ich glaube, Sie auch. Seine Geschichte ist unsere Geschichte. Ich möchte Sie einladen, mit mir zusammen in diese Geschichte einzutauchen, eine Geschichte, die Sie sicherlich bald ebenso zu Ihrer eigenen machen werden, wie ich das tue.

Es ist die Geschichte von jemandem, der völlig verändert wird. Von jemandem, dem nur ein Wunder helfen kann.

„The Lazarus Life" ist die Geschichte unserer Sehnsucht nach tiefgreifender und dauerhafter Veränderung. Aber sie ist noch mehr – weit mehr. Diese Geschichte ist eine Einladung zum Leben, aber sie ist ganz anders als alle, die Sie bisher erhalten haben.

Wenn wir die Einladung annehmen und uns einen ersten Schritt in die Handlung hineinbegeben, werden wir erleben, dass Lazarus immer schwächer, sein Gesundheitszustand immer bedenklicher wird, und dies wird für uns zum Anlass, unseren eigenen geistlichen Zustand unter die Lupe zu nehmen. Wenn wir miterleben, dass alle Appelle von Freunden und Verwandten Jesus nicht dazu bewegen können, sofort aufzubrechen und alles wiedergutzumachen, sind auch wir eingeladen, unserem eigenen verborgenen Groll auf die Spur zu kommen; Groll auf einen Jesus, der nicht immer rechtzeitig auftaucht, Groll auf wohlmeinende Verwandte und Freunde, die uns oft enttäuschen. Wenn Lazarus stirbt und ins Grab gelegt wird, haben wir Gelegenheit, einen Blick auf die dunklen Punkte in unserem eigenen Leben zu werfen, die dunklen Punkte, die dafür sorgen, dass auch wir uns in gewisser Weise nicht aus unserem Grab befreien können, obwohl wir uns doch nach neuem Leben sehnen. Wenn Lazarus eine Stimme hört – nicht irgendeine Stimme, sondern die Stimme von Jesus –, können auch wir lernen, wie wir diese Stimme heute erkennen, wenn sie uns auffordert, aktiv zu werden. So wie Lazarus aus seiner „verwickelten" Situation befreit wird, können auch wir aus unserer festgefahrenen Situation befreit werden, selbst wenn dies ein mühseliger Prozess ist. Wenn Lazarus, noch in Leichentüchern gefangen, aus dem Grab kommt, werden wir unsere eigenen „Leichentücher" unter die Lupe nehmen – wie etwa Selbstablehnung, Furcht, Schuld, Scham und Selbstvorwürfe und Enttäuschung –, die uns daran hindern, neuen geistlichen Elan zu verspüren. Und wenn Lazarus sein neues Leben als Auferweckter beginnt, dann bekommen auch wir eine Ahnung von dem Leben, zu dem Jesus uns heute einlädt – das gefährliche, lohnenswerte, radikale, kraftvolle Leben eines Menschen, der völlig verändert wurde.

In der Geschichte von Lazarus geht es um Sehnsüchte und Durchbrüche. Es geht um unerfüllte Erwartungen und die Desillusionierung im Hinblick auf Gott. Es geht darum, Hindernisse zu überwinden. Es geht darum, sich seinen Enttäuschungen zu stellen, um voranzukommen. Es geht um Freiheit und um Leben. Ja – Leben! Das Leben, das Jesus beschrieb, als er sagte: „Ich aber bin gekommen, um ihnen das Leben in ganzer Fülle zu schenken" (Johannes 10,10). Vielleicht sind wir ausgebrannt vom christlichen Dienst, von der Arbeit, der Familie oder allem zusammen. Vielleicht sind wir es leid, darauf zu warten, dass sich unsere Lebensumstände irgendwann einmal ändern. Vielleicht finden wir uns – überwältigt von der Vergangenheit und dem Blick auf die Zukunft – in einem Grab wieder, doch Gott ruft uns heraus zu einem Leben, das wirklich möglich ist, einem Leben, das besser ist, als wir es uns je erträumt hätten.[1]

Die Suche nach mehr

Wir sind nicht die Ersten, denen die Geschichte von Lazarus das Leben in Fülle näherbringt. Unter der Metropole Rom befinden sich die Katakomben, die Begräbnisstätten der ersten Christen. Viele von ihnen wurden verfolgt, gefoltert und misshandelt. Und dennoch inspirierte die Geschichte von Lazarus diese Christen so sehr, dass ganz gewöhnliche Menschen – nicht etwa Theologen, Priester oder Päpste – Fresken von der Auferweckung des Lazarus an die Wände malten, die uns bis heute erhalten geblieben sind. Ja, es finden sich über sechzig in Stein geritzte oder gemalte Darstellungen von der Auferweckung des Lazarus an den dunklen Wänden der Tunnel, die zu den Grabstätten führen. Auf diesen alten Sandsteinmauern finden wir Bilder, die Jesus Christus an einem offenen Grab zeigen, aus dem ein mumienartig eingewickelter Mann herauskommt.

Wenn die trauernden Familien vor langer Zeit diese Gräber aufsuchten, erinnerten die Malereien sie daran, dass die Geschichte von Lazarus auch ihre Geschichte werden konnte. Schließlich handeln die besten Geschichten – die Geschichten, die uns am meisten inspirieren – von Männern und Frauen, die sich nach den gleichen Dingen sehnen wie wir. Sie handeln von Menschen, denen etwas oder jemand begegnet ist, der den Lauf ihres Lebens verändert hat.

Die Geschichte von Lazarus, einem einfachen Mann aus dem 1. Jahrhundert, ist eine solche Geschichte. Sie inspirierte italienische Renaissance-Maler wie Giotto und Caravaggio dazu, uns mit leuchtenden Ölfarben auf weißer Leinwand zu zeigen, was sich mit bloßen Worten nicht ausdrücken lässt. Der holländische Maler Vincent van Gogh identifizierte sich in seinen letzten Lebensjahren so sehr mit der Geschichte von Lazarus, dass er dem aus dem Grab steigenden, veränderten Lazarus sein eigenes Gesicht gab. Ich befinde mich gerade in einer Lebensphase, in der ich gut nachvollziehen kann, wie van Gogh sich gefühlt haben mag: Endlich geht das wahre Leben los. Ich möchte nicht mehr zurück. Ich möchte das Leben führen, das Jesus für mich vorgesehen hat. Und Sie?

Wenn wir heute von Lazarus hören, dann stehen wir für gewöhnlich an einem frisch ausgehobenen Grab. Der Pastor liest die berühmten Worte Jesu: „Ich bin die Auferstehung und das Leben. Wer an mich glaubt, wird leben, auch wenn er stirbt" (Johannes 11,25). Diese Worte sollen Trost spenden. Aber Jesu Worte galten überhaupt nicht den Toten. Sie galten den Lebenden – wir sind die Leute, die die Botschaft von Lazarus hören müssen, wenn wir in der Mühsal des Lebens neue Hoffnung schöpfen wollen. Wir sind diejenigen, die Veränderung brauchen. Und das Beispiel von Lazarus bietet uns die Möglichkeit, das zu erleben, wonach wir uns am meisten sehnen.

Auf den ersten Seiten des Johannesevangeliums lesen wir, wie Jesus auf einer Hochzeitsfeier Wasser in Wein verwandelt. Später schildert Johannes, wie Jesus Brot und Fisch vermehrt, um große Menschenmassen zu speisen. Diese Wunder zogen viele Menschen näher zu Gott. Doch wenn wir beim 11. Kapitel des Johannesevangeliums ankommen, lassen wir Wasser, Fisch und Brot hinter uns, und die Verwandlung findet in Fleisch und Blut statt: im Leben eines einfachen Mannes namens Lazarus. Dieses eine Leben berührt uns so sehr, dass wir gerne mit ihm tauschen würden.

Hat das Leben mehr zu bieten?

Sie und ich wissen genau wie Lazarus, wie es sich anfühlt, wenn man *nicht* verwandelt wurde.

Die Kraft Gottes lässt uns unberührt.

Die Verheißungen Jesu lassen uns unverändert.

Das stete Wirken des Heiligen Geistes gleitet an uns ab wie an einer Teflon-Pfanne.

Es ist möglich, ein ganz normales Leben zu führen – einen festen Job zu haben, die Person zu heiraten, die wir lieben, Kinder großzuziehen, unsere Eltern zu beerdigen und die Gemeinde unserer Wahl zu besuchen – und trotzdem an dem vorbeizuleben, was Jesus uns in Aussicht gestellt hat. Man könnte es auch ein ganz normales Leben der heimlichen Verzweiflung nennen. Das geistliche Leben ist in erster Linie einmal *Leben* oder es ist überhaupt nicht lebendig. Es ist mehr als bloße Gefühle von Liebe, Hass, Leidenschaft und Sehnsucht, mehr als die rationale Entscheidung, was man isst, wo man schläft und was man glaubt. Ja, Gott hat uns dazu geschaffen, ein physisches Leben zu leben mit Augen, die sehen, Herzen, die schlagen, und Händen, die berühren. Und ja, wir sind dazu geschaffen, ein emotionales Leben mit all seinen Leidenschaften und Sehnsüchten zu leben und ein geistliches Leben, das wir nach unserem eigenen Willen gestalten können.

Doch viele Männer und Frauen, die ich kenne und mit denen ich zusammenarbeite, erzählen mir, dass sie sich mehr tot als lebendig fühlen, mehr schläfrig als wach, mehr betäubt als leidenschaftlich. Warum? Warum befolgen so viele von uns die Lehren Jesu und fragen sich doch im Stillen: „Ist das schon alles? Ist dies das Leben, von dem Jesus sprach? Gehört da nicht noch mehr dazu?" Am Beispiel von Lazarus können wir das Mehr an Leben sehen, nach dem Sie und ich dürsten. Mehr als das, was wir bislang kennen – damit wir auch wirklich leben, bevor wir sterben.

Johannes der Täufer drückte das folgendermaßen aus: „Euer Leben muss sich verändern, nicht euer Äußeres … Euer Leben ist das, worauf es ankommt. Blüht und grünt es?" (Lukas 3,8–9; The Message). Doch bei dem Leben, das Jesus anhand der Geschichte von Lazarus beschreibt, geht es nicht um eine Verbesserung unseres Lebensstandards. Es ist auch kein Geheimnis, das man entschlüsseln, oder eine Formel, die man benutzen könnte.[2] Das geistliche Leben, das Jesus uns anbietet, über das Paulus lehrt und das die ersten Christen erfahren haben, ist ein Leben der Verwandlung. Es geht um eine tiefgreifende Veränderung an der DNS unserer Seelen. Es ist ein Leben, das nur Jesus

uns schenken kann, der sich selbst als das einzige Leben be-
zeichnete, das wir brauchen.

Wenn die Seele krank ist

Wir brauchen nicht lange, um zu erkennen, dass die Verfasser der biblischen Bücher die Wahrheit sagen: Niemand ist
ohne Schuld.[3] Wir alle kranken an der Seele. Unsere Krankheit scheint auf den Seiten unseres Lebensbuches ein immer
wiederkehrendes Thema zu sein. Sie folgt sogar einem vor-
hersehbaren Muster: Wir fassen Vorsätze, machen Gott Versprechen und versuchen, uns zu ändern, werden aber wieder rückfällig. Wir machen zwei Schritte vorwärts, doch der
eine Schritt zurück zerstört fast immer alle unsere Anstrengungen. Wir nehmen alle Kraft zusammen und versuchen,
mit einer Sucht zu brechen, ein selbstzerstörerisches Verhalten abzulegen, nicht mehr so wütend, so übergewichtig, so
ängstlich, so misstrauisch, so zwanghaft, so selbstsüchtig
oder was sonst noch (ist es denn jemals nur eine Sache?) zu
sein, was uns dann innerlich zermürbt und verzweifeln lässt.

Dallas Willard bezeichnet dies als „Sündenmanagement" –
wenn wir aus eigener Kraft versuchen, die Sünde in den Griff
zu bekommen, statt sie ein für alle Mal auszumerzen. Ein bisschen virtueller Sex ist ja nicht so schlimm wie abhängig zu
sein, oder? Ein paar Schuldgefühle, ein bisschen Wut, ein wenig Neid ist immerhin besser als ein Leben, das davon verzehrt
wird, richtig? Wir versuchen, unser Inneres, unseren Verstand
und unsere Kraft so gut es geht zu managen. Die ganze Zeit
über scheint aber das Leben, das Jesus uns versprochen hat,
„gerade so" außer Reichweite zu sein. Die Freude und Leidenschaft, die Gott uns zugedacht hat, kommen uns vor wie
die Keksdose, die unerreichbar hoch auf einem Regal steht.

Sind wir es nicht leid, uns immer gerade nur so viel
zu verändern, dass wir zurande kommen? Äußerliche

Veränderungen mögen sich am Sonntag im Gottesdienst gut machen, aber an den sechs anderen Wochentagen bleiben wir leer und rastlos.[4] Eine Pseudoverwandlung ändert nichts an unserer schwersten Seelenerkrankung. Sie lässt uns nicht über jene Angelegenheiten, Probleme und Sünden hinwegkommen, die uns davon abhalten, das Leben zu erfahren, das Jesus verheißen hat.[5] Eine Pseudoverwandlung lässt uns krank bleiben, denn wenn wir uns nicht wirklich verändern, müssen wir mit einem Restgefühl von Schuld und Scham über unsere wiederholten Versuche, das Leben auf die Reihe zu bekommen, leben.

Wir wollen ein Leben außerhalb des Grabes. Wirkliches Leben. Authentisches Leben. Das Leben in Fülle, das Jesus verspricht. Die Geschichte von Lazarus bietet uns die Möglichkeit zu entdecken, wie Veränderung sich vollzieht – manchmal dort, wo wir es am wenigsten erwartet hätten.

Der Müsli-Blick

Es war einmal ein kleiner Junge, der jeden Morgen gemeinsam mit seinem Vater frühstückte. Jedes Mal, wenn er sich an den Tisch setzte, hoffte er sehnsüchtig auf ein gutes Miteinander mit diesem Mann namens Papa. Doch statt einer Unterhaltung oder brüllend komischer Witze oder wenigstens einem „Na, was steht denn heute an?" bekam er immer dasselbe aufgetischt: den „Müsli-Blick".

Der Müsli-Blick. Der Blick, der in die Augen des Vaters trat, während seine Gedanken in ein anderes Land abschweiften – ein Land der beruflichen Fristen, der Probleme mit einem Kollegen, einer Krise, die ihn voll und ganz in Beschlag nahm, möglicherweise auch ein Land der unerfüllten Hoffnungen und Träume. So starrte der Vater vor sich hin, und der Junge sah zu, nur eine Armeslänge entfernt, doch nie wurde er in dieses ferne Land eingeladen.

Der Vater kaute sein Müsli und der Junge kaute seins. Innerlich am nächsten waren sie sich, wenn sie die leeren Schälchen gemeinsam zur Spüle trugen. Dann ging der Vater zur Arbeit, um dort so zu sein, wie er es zu Hause nicht konnte oder wollte. Der weiße Pontiac fuhr davon und ließ den Jungen (auch in übertragenem Sinne) in einer Staubwolke zurück, sodass dieser seinen wahren Weg nicht mehr erkennen konnte.

Ich habe am Anfang dieses Kapitels gesagt: „Ich bin Lazarus." Und der bin ich auch tatsächlich. Doch vor langer Zeit war Lazarus ein kleiner Junge. Und der war ich auch. Das Müsli gab es wirklich. Genau wie den kleinen Jungen. Und den Vater. Es fällt mir schwer, dies zu schreiben, denn ich möchte keine Schuldzuweisungen machen, sondern möchte sachlich beschreiben. Viele Männer aus der Generation meines Vaters waren emotional zurückhaltend. Sie fanden es schwierig, etwas zu geben, das sie selbst nie empfangen hatten. So war es auch für meinen Vater. Das verstehe ich.

Mein Vater war ein guter Versorger. Bei uns stand immer ein Frühstück auf dem Tisch. Doch der Mensch lebt nicht vom Frühstück allein. Und kleine Jungen auch nicht. Und der Junge mit dem hungrigen Herzen wuchs zu einem Mann heran, dessen Seele krank war – ich. Ich kann mich nicht erinnern, jemals die Worte aus dem Mund meines Vaters gehört zu haben, nach denen ich mich am meisten sehnte und die ich am meisten brauchte: „Ich hab dich lieb, Steve." Ich musste es mir denken. Ich musste mir vorstellen, es annehmen oder vermuten, dass ich geliebt wurde und liebenswert war. Dieses Thema – das Bedürfnis zu hören, dass ich geliebt, angenommen und wertgeschätzt wurde – zog sich wie ein roter Faden durch mein Leben und war nicht kleinzukriegen. Ich kämpfte gegen diesen Drachen an und fügte ihm gelegentlich Verwundungen zu, aber das Biest wollte einfach nicht sterben. Die Erkrankung meiner Seele machte sich überall bemerkbar, bei jedem Job, den ich hatte, bei jeder Freundschaft, die ich aufbaute, und bei jedem Menschen, mit dem ich in Berührung kam, selbst bei meiner Frau und meinen Söhnen. Immer wieder ertappte ich mich dabei, dass ich in emotionaler Hinsicht distanziert war, gefangen in einem Blick ganz eigener Art. Mir war genau das passiert, wovon Harry Chapin 1974 in seinem Song „Cats in the Cradle" gesungen hatte: Ich war genau wie mein Vater geworden.

Wenn Liebe zurückgehalten wird

Die Psychologie hat uns gelehrt, dass man Eigenliebe im Laufe seines Lebens lernen muss, sonst hat man keine. Niemand kommt mit Eigenliebe zur Welt. Als Kinder erwarten wir von unseren Müttern und Vätern, dass sie uns das geben, was unsere Seelen so dringend brauchen. In der frühen Kindheit kann es wunderbar gut laufen, aber es kann auch schmerzhaft schieflaufen.

Ein Mensch, dem Liebe vorenthalten wird, kann sich nicht gesund entwickeln. Ein Leben ohne Liebe findet seinen Sinn einzig im Tun, im Leisten, im Produzieren und im Erreichen. Wenn uns Bestätigung, Annahme und Selbstwert vorenthalten werden oder nichts dafür getan wird, dass diese Dinge in uns wachsen können, bleiben in uns Löcher zurück. Und diese Löcher müssen wir mit irgendetwas stopfen. Viel zu früh lernen wir Wörter aus der Erwachsenenwelt wie etwa:

Erreichen.
Streben.
Erwerben.
Überwinden.

Genau so erging es mir. Ich lernte, mir Liebe zu erarbeiten, indem ich etwas leistete, etwas erreichte. Ich wurde zum Tatmensch, ich musste etwas tun, um mich geliebt zu fühlen. Ich verkaufte die meisten Karten für das Schulfest und wurde dafür belohnt. Ich wurde zum Spaßvogel, damit man mich mochte. Ich war verantwortungsbewusst, damit ich respektiert wurde. Ich verdiente mir die Liebe anderer Menschen, und ich versuchte, mir die Liebe Gottes zu verdienen. Ich lebte im Land der „Wenn-Danns":

„Wenn ich gut bin, dann …"

„Wenn ich mich ganz dafür einsetze, dann …"

„Wenn ich mehrmals in der Woche in die Gemeinde gehe, dann …"

Je mehr ich auf diese Weise lebte, desto stärker fühlte ich mich wertgeschätzt und anerkannt. Die Leute klatschten, wenn ich Bibelverse aufsagte. Männer schüttelten mir die Hand, und Frauen lächelten gerührt, wenn ich als Fünfjähriger erklärte: „Ich werde Missionar in China." Schon in frühester Kindheit lernte ich, wie so viele andere, zwei Leben zu leben: Das eine war für die Öffentlichkeit bestimmt, das andere war sehr persönlich – es war den Menschen vorbehalten, von denen ich den Eindruck hatte, dass sie mich verstehen würden. Und genau bei diesem eigentlichen Leben muss die Verwandlung ansetzen.

Ich hatte verstanden, wie das System funktioniert, und verhielt mich dementsprechend: Um geliebt zu werden, musste ich die richtigen Dinge tun, mich auf die richtige Weise verhalten und große Leistungen erbringen. Einem jungen Mann oder einer jungen Frau gelingt dies eine geraume Zeit lang ziemlich gut und so war es auch bei mir. Ich leistete Außergewöhnliches, um dafür im Gegenzug Anerkennung und Annahme zu erhalten.

Die Auszeichnungen, Jobs und Errungenschaften stopfte ich dann in die Löcher in meiner Seele. Doch der Schmerz ließ nicht nach. Ich wusste im Grunde meines Herzens, dass etwas nicht stimmte. Was ich auch erreichte, es füllte nicht ein Herz, das sich nach Liebe sehnte – einfach nur nach Liebe. In engen Beziehungen, bei anspruchsvollen Aufgaben und durch Sehnsüchte zeigte sich mir immer wieder, dass meine Seele krank war. Es war ein langer Weg, bis ich erkannte, dass kein Mann als Freund, keine Frau als Geliebte und kein Beruf als Lebenssinn mir das bieten kann, was Jesus Lazarus bot: Leben.

Die Geschichte von Lazarus lädt uns ein, die Tatsache anzunehmen, dass Veränderung nicht damit beginnt, dass wir uns Liebe verdienen. Veränderung hängt nicht von unseren Bemühungen ab, sie „zustande zu bringen". Veränderung geschieht, wenn man geliebt wird. Menschen können uns diese tiefe Liebe nicht zusprechen. Das kann nur die Stimme der Liebe selbst. Nur Liebe verändert. Nicht Macht. Nicht Zwang. Nicht Programme. Nicht Tipps und Techniken. Nur die Liebe – und zwar allein die Liebe Gottes.

Jede Seele braucht Heilung

Sie mag etwas anderes umtreiben als mich, Ihre Seele mag an etwas anderem kranken, doch irgendetwas nagt an Ihrer Seele – eine Sehnsucht nach etwas anderem als dem Leben, das Sie bisher gelebt haben. Woran krankt Ihre Seele? Wo sind die Löcher in Ihrer Seele? Was würden Sie am liebsten an sich ändern?

Der Name „Lazarus" bedeutet „Gott hat geholfen". Wir brauchen die Hilfe Jesu genauso wie Lazarus. Wenn wir es satthaben, Dinge sattzuhaben, kann uns nur die Unterstützung Gottes weiterhelfen. Derselbe Lebensatem, der die zusammengefallenen Lungen von Lazarus füllte und ihn zum Leben erweckte, kann auch Ihnen und mir eingehaucht werden. Gegen dieselbe todbringende Krankheit – die Krankheit zu glauben, wir könnten uns Gottes Liebe verdienen – finden auch wir bei Jesus ein Heilmittel.

Der eingewickelte, mumifizierte Lazarus tritt mit dem Einzigen aus dem Grab, was zählt – dem Einzigen, auf das

es wirklich ankommt. Endlich hat er Leben – reines, unge-
zügeltes, auferwecktes Leben. Und da ich glaube, dass wir
alle Lazarus sind, können auch wir in den Genuss dieses Lebens kommen.

Jesus tat mehr, als nur einen Sachverhalt auf den Punkt zu bringen

Die Bibel ist voller Geschichten wie der von Lazarus, Geschichten, die weit mehr sind als reine Tatsachenberichte.
Sie konfrontieren uns mit einer Wahrheit, die den Verstand
beschäftigt, während sie gleichzeitig durch die Hintertür in
die Seele schlüpfen. Aber nicht einfach nur eine Wahrheit,
sondern eine Wahrheit, die verändert. Eine Wahrheit, die
unser Herz aufschließen und unseren Verstand darauf vorbereiten wird, die Geheimnisse des geistlichen Lebens zu
verstehen. Durch Geschichten können wir ein sich entfal-
tendes Drama hautnah miterleben. Wir sind mit allen Sinnen beteiligt; wir können Dinge berühren und hören und
sehen und riechen und schmecken, die Fakten allein nicht
vermitteln können. Durch die meisterhafte Erzählkunst von
Jesus werden wir zum verlorenen Sohn, zum steinigen Erd-
reich, zum Hirten, der nach einem verirrten Schaf sucht, das
sich in Gefahr befindet.

Eine gute Geschichte bietet uns ein Fenster zum Durch-
gucken und zeigt uns etwas, das wir von alleine nicht wahr-
genommen hätten. Eine hervorragende Geschichte löst etwas in uns aus, das sich nicht ignorieren lässt und uns fortan
begleitet. Eine gute Geschichte informiert uns – eine *hervorragende* Geschichte verändert uns.

Wenn Sie also jetzt in die Geschichte von Lazarus eintauchen, dann versetzen Sie sich doch einmal in die Welt des
Nahen Ostens, und zwar in das Leben im Dorf Betanien vor
zweitausend Jahren. Spüren Sie den heißen Wind auf Ihrem

Gesicht und die sonnenverbrannte Erde unter Ihren Füßen. Erleben Sie mit Ihren gottgegebenen fünf Sinnen, wie sich eine ganz normale Person verändern kann.

Um Ihnen dabei zu helfen, diese unglaubliche Geschichte mit allen Sinnen zu erfahren, würde ich Ihnen empfehlen, sich Giottos Darstellung der Auferweckung des Lazarus entweder auf der beiliegenden Karten oder unter *www.giottodibondone.org* immer wieder einmal vor Augen zu führen.[6] Das Bild ist eine meiner Lieblingsdarstellungen dieses Ereignisses. Giotto hat alle von Johannes erwähnten Personen in dieser einzigartigen Szene meisterhaft eingefangen. Durch Johannes' Erzählkunst und Giottos Pinselstrich können wir uns selbst als Teil der Geschichte wahrnehmen. Im Verlauf unserer Betrachtungen werden wir auf die verschiedenen Personen näher eingehen und untersuchen, inwieweit ihre damaligen Reaktionen und Deutungen des Geschehens für unser heutiges Leben relevant sind. Ich werde von Zeit zu Zeit auf das Fresko Bezug nehmen und hoffe, dass Sie es gemeinsam mit mir betrachten werden. Dieses ausdrucksstarke Bild regt zum Nachdenken, zum Reflektieren und zum Beten an.

Doch die Geschichte von Lazarus ist keine bloße Illustration, auf die man beim Predigen zurückgreifen kann, und sie ist auch keine witzige Anekdote oder Anleitung zu einem Wohlfühlglauben. Diese Geschichte ist nichts weniger als eine ungeschminkte, stellenweise kantige, wunderbar lebensnahe Demonstration geistlicher Veränderung. Wenn wir in diese Geschichte eintauchen, werden wir nicht nur gute Tipps bekommen, wie wir von Gott verändert werden können. Wir werden uns tatsächlich verändern.

Ist dir das egal, wie lieb Gott mit dir umgeht und mit wie viel Geduld er sich um dich kümmert? Kapierst du nicht, dass Gott mit seiner Liebe dich dazu bewegen will, dein Leben zu ändern? (Römer 2,4; Volxbibel).

26

Kapitel 2

Der Jesus, der sich Zeit lässt

Auf seine Gegenwart warten

„Als [Jesus] von seiner Krankheit erfahren hatte,
blieb er noch zwei Tage, wo er war."
Johannes 11,6

- Es gehört zu den Geheimnissen des geistlichen
  Lebens, dass Jesus manchmal nicht auftaucht,
  wenn wir ihn am nötigsten brauchen.
- Auf Jesu Kommen zu warten ist Teil des
  Veränderungsprozesses.
- Um uns verändern zu können, müssen wir die
  Enttäuschungen und Desillusionierungen aufarbeiten,
  die wir erfahren haben.
- Wenn wir uns bewusst machen, dass wir nur das
  Heute sehen, Gott aber die Ewigkeit im Blick hat, gibt
  uns das die Hoffnung, dass wir uns auch tatsächlich
  verändern können.

S tellen Sie sich die folgende Szene vor: Maria und Marta erkennen, dass ihr Bruder sterbenskrank ist. Wie gut, dass sich ihr guter Freund Jesus gerade in der Gegend aufhält! Die beiden Schwestern lassen Jesus ausrichten, dass sein lieber Freund krank ist. Sie gehen davon aus, dass Jesus kommen wird. Hatte er nicht sogar schon Leute geheilt, mit denen er nie zuvor ein Wort gewechselt hatte? Doch Jesus lässt sich nicht blicken. Er leistet der flehentlichen Bitte der Schwestern nicht Folge. Er bleibt, wo er ist.

Es ist natürlich reizvoll, darüber zu spekulieren, wie weit Jesus genau von seinem sterbenden Freund entfernt war. Es gibt Dutzende von Theorien zum Ort „über dem Jordan", dem letzten bekannten Aufenthaltsort Jesu vor den Ereignissen um Lazarus (Johannes 10,40–42). Vertrauen wir aber dem Erzähler Johannes, so ist der genaue Ort wohl eher nebensächlich, sonst hätte Johannes ihn erwähnt. Erwähnt wird hingegen, dass Jesus die Nachricht erhielt und trotzdem beschloss, noch dort zu bleiben, wo er war (wo auch immer das war), und zwar noch zwei volle Tage. Das „Wo" ist weniger wichtig als das „Was". Und das „Was" ist, dass Jesus sich Zeit lässt.

Wo ist Gott? Warum greift er nicht ein? Solche und ähnliche Fragen müssen den drei Freunden Jesu aus Betanien durch den Kopf gegangen sein. Jesus, ihr Freund, der Eine, an den sie glaubten, kam nicht, als sie in größter Not waren. Es muss ihnen so vorgekommen sein, als ob er nicht nur irgendwo jenseits von Betanien, sondern auch jenseits aller Sorge um seinen sterbenskranken Freund war. *Sieht Gott denn nicht, dass wir ihn brauchen? Kümmert ihn das nicht?*

Wenn ich mich in diese Situation hineinversetze und darüber nachdenke, dass Jesus sich nicht unmittelbar auf den Weg nach Betanien machte, dann muss ich zugeben, dass mich das ganz schön beunruhigt. Es beunruhigt mich, weil es doch scheinbar Christenpflicht ist, schnell zu reagieren, wenn jemand Hilfe braucht. Doch Jesus ließ nicht alles stehen und liegen, um Lazarus zu Hilfe zu eilen. Er überließ den immer schwächer werdenden Lazarus, die angespannte Marta und die besorgte Maria sich selbst und der Realität des Todes. Er ließ sich Zeit. Jesus blieb noch zwei Tage lang an seinem Aufenthaltsort (11,6).

Warum blieb er so lange fort, wo er doch so dringend gebraucht wurde? So dringend sogar, dass Lazarus starb, weil er nicht zugegen war. Die Menschen, die darauf warteten und warteten und warteten, dass Jesus endlich auftauchte, müssen ein wahres Gefühlschaos aus Fragen, Wut und Verwirrung durchlebt haben. Wenn Jesus heute nicht kommt, müssen wir durch dasselbe Gefühlschaos hindurch. Liegt ihm etwa nichts an uns?

Warum lässt Jesus sich Zeit?

Maria und Marta schienen die Situation geschickt anzugehen. Sie wussten schließlich, dass Jesus ein vielbeschäftigter Mann war. Viele Leute wollten ihn sprechen und er hatte viel zu tun. Trotzdem ließen sie ihm ausrichten: „Herr, der, den du lieb hast, ist sehr krank" (Vers 3), hofften sie doch, wenn sie Jesus an seine Liebe zu Lazarus erinnerten, würde ihn das dazu bewegen, all die anderen „normalen" Kranken sitzen zu lassen und ihren Bruder zu heilen. Doch Jesus verweilte noch zwei volle Tage – achtundvierzig Stunden lang – bei dem, was er tat (was genau das war, ist uns nicht überliefert worden).

Vielleicht hatten die Schwestern erwartet, dass Jesus für sie das Gleiche tun würde wie für den Hauptmann, der Jesus einfach gebeten hatte, „ein Wort" zu sprechen – selbst aus der Ferne – und sein Knecht würde gesund werden (Matthäus 8,5–13). Maria und Marta sagten vielleicht: „Jesus, du liebst Lazarus! Das wissen doch alle. Darum heile ihn von dort aus, wo du gerade bist. Dann werden dich alle

Leute preisen und wissen, dass du der Messias bist." Lazarus aus der Ferne zu heilen wäre ein spektakuläres Ereignis gewesen, meinen Sie nicht auch? Aber das geschah nicht, ja, Jesus ließ noch nicht einmal ausrichten, dass er schnellstmöglich kommen würde! Er ließ sich Zeit. Kennen Sie diesen Ausdruck – sich Zeit lassen?

Vielleicht hatten Maria und Marta auch das Gefühl, einen Anspruch auf die Gegenwart Jesu zu haben. Vielleicht dachten sie, dass Jesus ihnen einen Gefallen schuldig war, schließlich waren sie so oft für ihn da gewesen. Er würde ihnen doch wohl jetzt ganz sicher helfen, wo sie in Not waren.

Als Jesus den Bitten von Maria und Marta nicht nachkam, ging ihnen vermutlich auf, dass sie ihn weniger gut kannten, als sie gedacht hatten. Denn als die Stunden des Wartens zu Tagen wurden, war klar, dass Jesus nicht ihren Erwartungen entsprach. Und es kann sein, dass er auch unseren Erwartungen nicht entspricht. In der Geschichte von Lazarus definiert Jesus für uns alle neu, was „normal" ist. Ein Jesus, der sich Zeit lässt, bis er auftaucht, bietet einfach keine Garantie, dass alles in unserem Sinne „gut" werden wird.

Als Jesus von Lazarus' Erkrankung erfuhr, zog er sich da an einen „einsamen Ort" zum Beten zurück, wie er das nach Aussage von Markus gelegentlich tat (Markus 1,35)? Linderten Einsamkeit und Stille seinen Schmerz über den schlechten gesundheitlichen Zustand seines Freundes? Wenn mich etwas bedrückt, dann futtere ich alles, was mir in die Finger kommt. Wenn meine Frau sich Sorgen macht, dann überfällt sie das Putzfieber und die Unkrautjätwut. Wenn mein bester Freund sich über jemanden oder etwas den Kopf zerbricht, macht er lange Fahrradtouren durch die Berge, um die Sache „unter die Füße zu kriegen". Doch egal, was Jesus tat – Maria und Marta muss es unwichtig erschienen sein, denn sie saßen regelrecht auf heißen Kohlen.

Vielleicht wollte Jesus ja sogar auf dem schnellsten Wege nach Betanien eilen, doch war dies unter Umständen einer der Augenblicke, wo er seinen Willen dem des Vaters unterstellen musste. Es gibt einige Anhaltspunkte dafür, dass sich Jesus in der Wüstengegend aufhielt, wo Satan ihn vierzig Tage lang auf die Probe gestellt hatte. Möglicherweise hatte dieser Augenblick für Jesus eine ähnliche Brisanz: *Wenn du der Sohn Gottes bist, dann eile zu deinem Freund und rette ihn.* Vielleicht wäre Jesus nur zu gern seinem sterbenskranken Freund zu Hilfe geeilt, doch sein Vater sagte zu ihm: „Nein, mein Sohn, du darfst deinem Herzen jetzt nicht folgen. Es geht um etwas Größeres. Der richtige Zeitpunkt ist noch nicht gekommen."

Maria und Marta steckten in der geistlichen Zwickmühle des „Wenn nur". Wenn Jesus nur gekommen wäre. Wenn sie ihre Botschaft an Jesus doch nur etwas eindringlicher formuliert hätten. Wenn Jesus sie doch nur richtig verstanden hätte. Wenn er doch nur gewusst hätte, wie schlimm es um Lazarus stand.

Wenn wir uns in unserer Lebenssituation oder mit unseren seelischen Problemen alleingelassen fühlen, gehen uns ähnliche Fragen durch den Kopf. Warum werden unsere Gebete nicht erhört? Kümmern unsere Probleme einen das Universum umspannenden Gott überhaupt? Die letzten Worte, die Jesus seinen Jüngern mitgab, ehe er in den Himmel auffuhr, lauteten: „Ich bin immer bei euch bis ans Ende der Zeit" (Matthäus 28,20). Und wo ist er dann, wenn wir seine Hilfe am nötigsten brauchen? Der Gott, der sich Zeit lässt. Der Jesus, der andere Pläne hat. Der Heilige Geist, der über uns schwebt, aber nie bis zu uns hinabkommt. Ist er denn nicht „Immanuel" – der „Gott mit uns"?

Ging Jesus die Stufen des World Trade Centers hinauf, als dieses in sich zusammenstürzte, oder hielt er sich gerade anderswo auf? Geht Jesus nach Darfur, oder zieht er Orte vor, wo es ruhiger zugeht? Hält er sich vor Operationssälen auf, während die Ärzte um ein Menschenleben kämpfen? Macht er einen Bogen um die Frau, die nie geheiratet hat, obwohl sie sich das immer gewünscht hat? Lässt er sich Zeit, wenn ein Kind missbraucht wird und niemand da ist, um es zu beschützen?

Ich muss es noch einmal zugeben – diese Dinge beunruhigen mich zutiefst. Sie sind lediglich eine Variante der uralten Frage: Warum lässt ein liebender Gott auf dieser Erde so viel Leid zu?

In der Zeit des Wartens

Als Leser der Geschichte von Lazarus haben wir den Vorteil, dass wir wissen: Jesus kam schließlich doch noch. Doch Maria, Marta und der sterbenskranke Lazarus wussten nur, dass Gott nicht da war. In den Tagen, als von Gott weit und breit nichts zu sehen war, hatten sie nur die Aussicht auf das Grab.

Auch wir leben in vielen Bereichen unseres Lebens in einem Zwischenstadium. In Krankheit, Schwachheit und Zweifeln versuchen wir, an der Hoffnung darauf festzuhalten, dass Jesus schließlich doch noch kommen und alles richten wird – doch wie überstehen wir die Zeit des Wartens? „Im Glauben zu leben ist ein verwirrendes Unterfangen. Wir wissen selten, was auf uns zukommt, und nur wenige Dinge entwickeln sich so, wie wir dies erwarten. Es ist ganz normal, dass wir annehmen, als Gottes Auserwählte und Geliebte würden wir von Gott als seine ganz besonderen Schützlinge auch bevorzugt behandelt werden."[1]

Diese Zwischen-Zeit – dieses „verwirrende Unterfangen" – ist eine für das geistliche Leben notwendige Erfahrung. Man kann sie nicht überspringen oder abkürzen, obwohl viele von uns genau das zu tun versuchen. Wir sind eingeladen, einem Gott zu vertrauen, der uns warten lässt. Wir fürchten, dass Jesus sich nicht herbemühen wird – nicht jetzt und vielleicht nie. In dieser Zwischen-Zeit können erdbebenartige Zweifel unser Glaubensgebäude zum Einstürzen bringen.

Viele von uns tauschen ihr Vertrauen auf Gott und ihren Glauben an Jesus gegen einen sogenannten „praktischen Atheismus"[2] ein. Der praktische Atheismus besagt, wir seien eben auf uns gestellt, und damit basta. Wir müssen etwas – irgendetwas – tun, um unsere täglichen Probleme und unsere geistlichen Dilemmata selbst zu bewältigen. Gott ist nicht da; vielleicht gibt es Gott auch gar nicht. Der Autor Parker Palmer schreibt, dass wir es immer dort mit praktischem Atheismus zu tun haben, wo wir „zwar fromme Sprüche über die Gegenwart Gottes in unserem Leben machen, aber trotzdem dem Sprichwort Glauben schenken: ‚Es gibt nichts Gutes, außer man tut es'"[3].

Das Leben in Zwischen-Zeiten kann selbst den Frömmsten dazu bringen, derlei „frommen Sprüchen" auf den Leim zu gehen. Anstatt auf Gott zu warten, mühen wir uns ab, unsere geistliche Verwandlung selbst zu bewerkstelligen. Doch die Geschichte von Lazarus illustriert, dass Gott in dieser beklemmenden Zeit, in der es so aussieht, als ob wir auf uns gestellt seien, durchaus am Werk ist. Unsichtbar. Unmerklich. Scheinbar uninteressiert. Doch insgeheim ist er der „Gott mit uns".

Der Psychiater Gerald May gründete das *Shalem Institute for Spiritual Formation*. Bevor er einem Krebsleiden erlag, beschrieb er noch in seinem letzten Buch, dass die Zwischen-Zeiten, in denen Gott fern scheint, genau die Zeiten sind, in denen Gott am Werk ist. May gebraucht ein Bild aus der Natur, um uns zu helfen, diese wichtige geistliche Phase zu verstehen: den Winter, in dem die Kräfte der Natur scheinbar schlummern. Er schreibt:

Wild und Hasen still, Fische und Frösche und Schildkröten fast erfroren, die Schlangen zusammengerollt, die Zugvögel fort und die Wintervögel da, die Bäume schwarz und kahl,

Samen und Kokons und Maden und Zikadenlarven und alles
unter der Erde, tief drinnen, unten, da, wo man das sich re-
gende Leben nicht sehen kann. Das Leben ist reich in der Zeit
des Stillhaltens, der Pflanzensaft fließt, die Zellen regenerie-
ren sich, Veränderung findet statt … In jedem von uns, in un-
seren tiefsten Wintern, vollziehen sich Dinge, Dinge, von de-
nen wir erst dann etwas ahnen, wenn der Frühling kommt,
aber vielleicht noch nicht einmal dann.[4]

Haben wir es mit dem Jesus zu tun, der sich Zeit lässt, dann
ahnen wir nichts von dem, was in uns oder um uns herum
geschieht. In der klirrenden Kälte des eisigen Winters wissen wir nicht einmal, ob es jemals Frühling werden wird.
Wir kennen nur den Winter. Er ist für uns die einzige Wirklichkeit. Alles andere ist vielleicht nur ein schöner Traum.

Heute befinde ich mich irgendwo zwischen dem Leben,
das ich führen möchte, und dem Leben, das ich lebe. Ich bin
irgendwo zwischen dem Glauben, den ich haben möchte, und
den Zweifeln, die in mir aufsteigen. Ich bin irgendwo zwischen der Person, die so ist, wie Gott mich haben möchte, und
der Person, die ich jetzt bin. Ich bin zwischen dem Himmel,
wo alles gut sein wird, und der Erde, wo ich jetzt leben muss.

Wir ähneln in vielem Maria, Marta und Lazarus. Wir
klammern uns an den Glauben, dass das neue Leben anbre-
chen wird, haben aber in der Zwischenzeit Mühe zu glauben, dass überhaupt etwas geschehen wird. In dieser Zeit
des Wartens – in der Zwischen-Zeit – geschieht etwas Tief-
greifendes mit uns. Es geschieht etwas in uns. Und so muss
es auch sein, denn eine Verwandlung ist ja gerade eine Veränderung von innen nach außen, nicht von außen nach innen. Äußerliche Veränderungen sind kosmetischer Natur. Es sind eben vorübergehende Verbesserungen, die wir
schon aus unserem Alltag kennen.

An Lazarus sehen wir, dass eine authentische Verwandlung möglich ist, und zwar nicht nur für ihn, sondern auch

34

für uns – wie wir sie heute brauchen! Diese Art von Veränderung meinte Johannes der Täufer, als er sagte: „Euer Leben muss sich ändern, nicht euer Äußeres" (Lukas 3,8; The Message). Der wilde Mann des Neuen Testaments erklärt weiter, dass der Geist Gottes „in" uns kommen wird – und uns „von innen heraus verändern wird" (Lukas 3,16; The Message). Der Apostel Paulus schreibt: „Ich bin aber davon überzeugt, dass unsere jetzigen Leiden bedeutungslos sind im Vergleich zu der Herrlichkeit, die er uns später schenken wird" (Römer 8,18). Noch können wir diese Herrlichkeit nicht sehen; sie ist etwas Zukünftiges. Im Moment sehen wir nur unsere missliche Lage. Unsere Not verzehrt uns: gefeuert zu werden, missbraucht zu werden, ungerecht behandelt zu werden, einsam zu sein, krank zu sein, eine moderne Maria oder Marta oder ein moderner Lazarus zu sein. Doch da ist noch etwas anderes am Werk. Jemand anderes ist in den Zwischen-Zeiten am Werk.

Auf die Verwandlung warten

Auf Jesus zu warten ist keine passive Angelegenheit. Auf Jesus zu warten ist Seelenarbeit. Henri Nouwen schreibt:

Das Geheimnis des Wartens ist der Glaube, dass der Same gesät worden ist, dass etwas begonnen hat. Aktives Warten heißt, mit allen Sinnen im Jetzt zu leben, in der Überzeugung, dass dort, wo man ist, etwas geschieht, das man nicht verpassen möchte. Ein Wartender lebt ganz im Jetzt, er glaubt, dass jetzt der Moment ist, auf den es ankommt.[5]

Während wir warten, geben wir die Kontrolle ab, unterstellen Gott unseren Willen, legen falsche Hoffnungen ab und erkennen an: Wenn überhaupt etwas geschehen wird, dann nur, weil Gott es vollbringt.

Der Prophet Jeremia erinnert uns: „Wenn das Leben schwer und erdrückend ist, dann suche dir einen einsamen Ort. Begib dich in die Stille. Beuge dich im Gebet. Stell keine Fragen: Warte darauf, dass die Hoffnung kommt. Renne nicht vor Schwierigkeiten davon. Stell dich ihnen. Das ‚Schlimmste' ist niemals das Schlimmste" (Klagelieder 3,28–30; The Message). Die Stille des Wartens kommt uns fruchtlos vor. Doch, wie wir noch sehen werden, es geschieht etwas, während wir warten, etwas, das zu keiner anderen Zeit geschehen kann.

Durch das Warten nehmen wir Gott und uns selbst bewusster wahr. Und mit wachsender Gottes- und Selbsterkenntnis spüren wir, dass etwas mit uns geschieht. Dies ist das langsame Werk der Veränderung, das nicht dadurch beschleunigt werden kann, dass Jesus früher als vorgesehen „auftaucht". Das Warten weckt in uns den Wunsch, mehr über unsere innere und die äußere Welt zu erfahren. Wir stellen Fragen. Die Zeit des Wartens ist im Grunde eine Einladung, Fragen zu stellen, intensiver nachzudenken, zu grübeln, zu meditieren – eine verloren gegangene Kunst in unserer irrsinnig schnellen Welt. Wenn wir uns in einem modernen Garten Gethsemane wiederfinden, wie etwa einem Krankenhauszimmer, einem leeren Haus nach einer Scheidung oder vor einem neuen Tag der Arbeitssuche, dann hilft uns das Warten, uns darüber klar zu werden, was wir wollen und was wir brauchen. Wir erkennen, dass wir unsere Umgestaltung nicht selbst in den Händen haben – und nie hatten![6] Wenn überhaupt etwas geschehen soll, dann muss Gott es tun. Während wir warten, verändern wir uns, weil Gott tut, was wir nicht zu tun vermögen.

Jesus hat keine Eile

Als Maria und Marta an Lazarus' Krankenbett saßen, als Freunde und Verwandte schließlich kamen, um mit ihnen ihren Verlust zu beweinen, als nach der Beerdigung ihres Bruders ein Tag nach dem anderen verging – ich frage mich, ob sie darüber nachdachten, was genau sie eigentlich über ihren Freund Jesus wussten. Wie konnten sie sich seine Abwesenheit erklären, wenn sie sich vor Augen führten, wer er war? Denn selbst wenn wir ratlos sind, können wir uns an das halten, was wir als wahr erkannt haben.

Maria und Marta wussten bereits, dass Jesus nichts überstürzte. Ja, es vergingen dreißig Jahre zwischen seiner wundersamen Geburt und dem Beginn seines öffentlichen Wirkens. Matthäus, Markus und Lukas, die Biografen von Jesus, berichten nur von einer einzigen Begebenheit aus seiner Kindheit. Der Rest dieser Phase seines Lebens bleibt im Dunkeln. Sie haben nichts von einem weltbewegenden Dienst zu erzählen, nichts von diversen Aktivitäten oder Wundertätigkeiten. Wir hören ihn nicht im Alter von zwölf bis dreißig Jahren sagen: „Ich muss das tun, was mein Vater mir aufgetragen hat." Er lebte drei Jahrzehnte unbemerkt und verborgen vor hungrigen Menschen in einer bedürftigen Welt – dreißig Jahre lang!

Wenn wir darüber nachdenken, könnten wir zu dem Schluss kommen: *Was für eine Zeitverschwendung!* In dieser Zeit des Wartens verschlechterten sich die sozialen Verhältnisse unter der römischen Besatzungsmacht. Die politische Situation verschlimmerte sich unter der Herrschaft von Herodes. Aufgrund von Krankheiten und der primitiven Verhältnisse lag die Lebenserwartung im 1. Jahrhundert nur bei knapp über vierzig Jahren. Und währenddessen ließ Jesus sich Zeit, trieb sich in einer Zimmermannswerkstatt herum und fertigte Schemel und Bänke an. Erst später sollte er uns zeigen, wie wir leben sollen – wenn Gott die Zeit dafür gekommen hielt, nicht früher. Jesus erschien aus himmlischer Sicht zur rechten Zeit – „Als die Zeit seiner Rückkehr in den Himmel näher kam, machte Jesus sich auf den Weg nach Jerusalem" (Lukas 9,51) –, und das ist alles, was wir wissen.

Jesus ist immer noch der Typ, der sich nicht nach menschlichen Kalendern oder Digitaluhren richtet. Wenn in unseren Bibeln das Wort „Zeit" verwendet wird, verbergen sich im griechischen Original zwei unterschiedliche Begriffe dahinter. *Chronos* ist die physikalisch messbare Zeit; daher stammt auch unser Wort „Chronologie". *Chronos* bezieht sich auf Ereignisse, die in linearer Reihenfolge ablaufen und so Vergangenheit, Gegenwart und Zukunft bilden. Das andere Wort für „Zeit", das die neutestamentlichen Schreiber verwenden, ist *kairos*. Kairos-Zeit unterscheidet sich grundlegend von Chronos-Zeit; es ist die „von Gott für seine Zwecke festgesetzte Zeit", ein Moment unbestimmter Länge, in dem göttliches Handeln dem Kosmos „ins Wort fällt". Es ist eine Zeit „zwischen" der linearen Zeit, in der Gott zu uns durchbricht.

An jenem heißen Tag in Betanien, als Lazarus starb, konnten auch keine Bitten der flehenden Schwestern oder der besorgten Jünger Jesus dazu bewegen, gemäß ihres menschlichen Chronos-Zeitplans zu operieren. Alle mussten auf den Kairos-Moment warten. Bis dieser Zeitpunkt gekommen war, verweilte Jesus dort, wo er war, Lazarus wurde immer schwächer und starb, und die trauernden Schwestern beweinten ihren Verlust.

Wir denken wie Maria und Marta in der Chronos-Zeit, wenn wir Jesu Handeln erwarten. Unsere schnelllebige Welt prägt nicht nur unsere Kultur, sondern auch unsere Vorstellung davon, wie Gott handeln sollte. Es fällt uns schwer zu verstehen, dass eine Umwandlung ein langsamer Prozess ist.

Denken Sie an einen Töpfer, der Ton auf einer Drehscheibe formt. Wird eine fehlerhafte Stelle sichtbar, bearbeitet er den Ton noch einmal neu. Er formt den Ton so lange, bis dieser die gewünschte Form hat. Das geht nicht von jetzt auf gleich; soll es auch gar nicht. Das Formen ist ein absichtlicher, bewusster und zielgerichteter Prozess. Dem Beobachter mag es lange vorkommen, doch der Töpfer verliert die Zeit nie aus den Augen. Der Töpfer weiß, wie Jesus, um *kairos*. Am Ende sehen wir ein wunderschönes Stück Handwerkskunst, weil der Töpfer auf genau den richtigen Augenblick hingearbeitet hat.

Eine größere Herrlichkeit

L. B. Cowman war als Missionarin in China und mit einem schwerkranken Mann verheiratet. Als ihr Mann nicht länger arbeiten konnte, ging das Ehepaar zurück in die Vereinigten Staaten, wo sie ihn noch sechs Jahre lang bis zu seinem Tod pflegte.

In ihrem zum Klassiker gewordenen Buch „Alle meine Quellen sind in dir" schreibt Cowman darüber, was sie in der Zeit der Erkrankung ihres Ehemannes und nach seinem Tod über den sich Zeit lassenden Jesus gelernt hat. Eine ihrer eindrücklichsten Illustrationen beschreibt, wie sie fast ein ganzes Jahr lang den flaschenförmigen Kokon eines Kleinen Nachtpfauenauges aufbewahrte. Sie fragte sich, wie das ausgewachsene Insekt wohl durch die winzige Öffnung schlüpfen können würde, und wusste nicht, dass beim Hinauszwängen Flüssigkeit in die Falterflügel gepresst wird. Sie schreibt:

Ich war dabei, als mein eingesperrter Falter seine ersten Versuche unternahm, seiner langen Gefangenschaft zu entrinnen. Den ganzen Morgen über sah ich geduldig zu, wie er sich abmühte, die Freiheit zu erreichen. Er schien nie über einen bestimmten Punkt hinauszugelangen und schließlich war meine

Geduld erschöpft. Die beengenden Fasern waren vermutlich trockener und weniger elastisch, als wenn der Kokon den gesamten Winter über in seinem natürlichen Lebensraum geblieben wäre, wie es ja eigentlich gedacht war. Jedenfalls glaubte ich, weiser und barmherziger zu sein als sein Schöpfer, und beschloss, dem Falter ein bisschen auf die Sprünge zu helfen. Mit der Spitze meiner Schere durchtrennte ich die starren Fasern, um dem Falter das Herauskommen ein wenig zu erleichtern. Sofort und mit wunderbarer Leichtigkeit krabbelte mein Falter heraus und zog einen riesigen, geschwollenen Körper und kleine verschrumpelte Flügel nach sich! Ich wartete vergeblich darauf, dass sich diese Flügel auf wunderbare Weise entwickeln und sich rasch und leise ausbreiten würden. Ich betrachtete die wunderschönen dezenten Punkte und Zeichnungen, die alle in Miniatur vorhanden waren, und wünschte mir sehnlichst, sie in ihrer vollen Größe und Pracht zu sehen. Aber ich wartete vergebens. Meine unangebrachte Freundlichkeit war dem Falter zum Verhängnis geworden. Er führte ein verkürztes Leben und kroch unter Schmerzen durch seine kurze Existenz, anstatt auf Regenbogenschwingen durch die Lüfte zu fliegen.[7]

Eine Umwandlung braucht Zeit, und zwar nicht, weil Gott uns nicht lieben würde, sondern weil Gott größere Ziele verfolgt. Ist Ihnen schon einmal in den Sinn gekommen, dass Gott sich noch stärker als Sie wünscht, dass Sie sich verändern? Cowman schreibt weiter:

Oh, was bin ich für ein kurzsichtiger Mensch! Woher weiß ich denn, dass einer dieser Schmerzen oder Seufzer gestillt werden soll? Die weitsichtige, vollkommene Liebe, die die Vervollkommnung ihres Gegenstands sucht, schreckt nicht schwächlich vor gegenwärtigen, vorübergehenden Leiden zurück … Mit diesem herrlichen Ziel vor Augen erlöst er uns nicht von unserem Weinen.[8]

Während sich Maria und Marta quälten, weil Jesus nicht da war, erklärte Jesus seinen Jüngern, dass Lazarus' Krankheit „vielmehr der Verherrlichung Gottes [dient]. Der Sohn Gottes wird durch sie verherrlicht werden" (Johannes 11,4). Maria und Marta waren an eine irdische Sichtweise vom Tod gebunden. Jesus wusste jedoch, dass etwas Größeres bevorstand. Möglicherweise dachte Jesus: *Wenn ich mir etwas Zeit lasse, bringt dies sie vielleicht dazu, dass ihnen die Herrlichkeit Gottes wichtiger wird, als dass Lazarus lebt. Vielleicht verändert mein Verweilen ihre innere Haltung, sodass sie sagen: „Nicht was wir wollen, soll geschehen, sondern was du willst."* Dies ist reine Spekulation, aber es rührt an das Mysterium des geistlichen Lebens, das unser logisches Denken übersteigt. Wenn Jesus sich Zeit lässt, haben wir viel Grund zum Nachdenken.

Das Konzept der „Herrlichkeit" übersteigt unsere horizontale Perspektive, ermöglicht es aber dem transzendenten Gott, zu den außergewöhnlichsten Zeiten zu uns durchzubrechen. Wenn von Herrlichkeit die Rede ist, dann tut Gott immer etwas Großes und bekommt dafür die Ehre. Das ist für uns jedoch schwer nachzuvollziehen, wenn wir in einer Krise stecken und nur einen Wunsch haben: dass Gott endlich in Erscheinung tritt. Doch die Zeiten, in denen Gott weit weg und schweigsam zu sein scheint, werden zum Brennstoff für das Feuer, in dem die Herrlichkeit strahlend brennt.

Die Sprache der Herrlichkeit ist die Sprache des Geheimnishaften. Was mögen die Jünger wohl in ihrem irdischen, staubigen Von-der-Hand-in-den-Mund-Dasein über Herrlichkeit gedacht haben? Doch Jesus war bereit, seinen Freunden in Not mit den Mysterien Gottes zu begegnen.

Die Kraft der Erwartungen

Freunde von uns haben sich vor Kurzem ein wunderschönes neues Haus gekauft, das sie als ihr „Traumhaus" bezeichneten. Sie sahen sich schon bei Sonnenuntergang Partys auf ihrer herrlichen Terrasse ausrichten, die nach Süden liegt und einen wunderbaren Blick auf die malerische Kulisse des Pikes Peak bietet. Doch sie waren noch nicht lange eingezogen, da störte sie bereits der Verkehrslärm von der viel befahrenen Autobahn und den Zügen, die mehrmals täglich laut pfeifend in der Nähe vorbeifahren. Ihr „Traumhaus" entpuppte sich schnell als eine Illusion. Ihre Erwartungen hatten sich zerschlagen. Sie mussten sich zwangsläufig von etlichen Wunschvorstellungen über ihr Traumhaus verabschieden.

Mein Freund Tim erinnert mich immer wieder gerne daran, dass „Enttäuschungen die Folge unerfüllter Erwartungen" sind. Dies gilt für jeden Aspekt unseres Lebens. Welche Erwartungen stelle ich an meine Freunde? An meinen Ehepartner? An meine berufliche Karriere? An meine Kinder? Und wenn ich enttäuscht bin, habe ich dann vielleicht etwas Falsches erwartet? Wie kann ich mit all den Tücken der Realität leben und trotzdem dem näher kommen, was ich wirklich will im Leben, in der Gemeinde und in Freundschaften?

So wie sich die Angehörigen von Lazarus in Betanien mit ihren Enttäuschungen über Gott, einander und sich selbst auseinandersetzen mussten, so müssen auch wir uns unseren Enttäuschungen stellen. Warum? Weil unerfüllte Erwartungen unser geistliches Leben ganz gehörig erschüttern können. Der Jesus, der sich Zeit lässt, bevor er handelt, gibt uns dadurch die Möglichkeit, uns selbst, unsere Vorstellungen und Illusionen ehrlich unter die Lupe zu nehmen und sie gegen etwas Besseres einzutauschen.

Mit Enttäuschungen umgehen lernen

Ob bewusst oder nicht: Viele von uns geben sich der Illusion hin, dass „das Leben einfach sein sollte", oder sie glauben, dass schon alles in Ordnung kommt, sobald man Christ geworden ist. Diese Aussagen lassen tief blicken. Sie verraten, dass jemand eine falsche Vorstellung von der Wirklichkeit hat. Und eine solch unrealistische Vorstellung führt zwangsläufig von einer Enttäuschung zur anderen. Auf diese Weise legen wir ein schlechtes Fundament für das Leben als Christ und unsere Beziehungen.

Der Ausdruck „desillusioniert" ist für gewöhnlich negativ behaftet und bedeutet, dass man über etwas enttäuscht und frustriert ist. Doch Desillusionierung kann durchaus auch etwas Positives sein. Wer „desillusioniert" ist, also „ent-täuscht" wurde, wurde „seiner falschen Eindrücke und Vorstellungen beraubt". Desillusioniert zu sein heißt also auch, dass wir falsche Vorstellungen über Gott, uns selbst und andere aufgeben.

Der britische Prediger Oswald Chambers und jüngst auch die Schriftstellerin Gail MacDonald machen Mut zur „Disziplin der Ent-täuschung"[9]. Dies hilft uns, unsere Illusionen darüber, wie das Leben zu sein und wie Gott sich zu verhalten hat, aufzudecken und zu korrigieren.

Chambers erklärt dies folgendermaßen:

Das Festhalten an Illusionen verursacht einen großen Teil des menschlichen Leidens. Und das geht so vor sich: Wenn wir einen Menschen lieben, Gott jedoch nicht, dann fordern wir von diesem Menschen absolute Vollkommenheit und Rechtschaffenheit, und wenn wir diese nicht bekommen, werden wir grausam und rachsüchtig. Dabei verlangen wir etwas von einem Menschen, was er unmöglich leisten kann. Es gibt nur ein Wesen, das den schmerzhaften Mangel, den Menschen spüren, zutiefst ausfüllen kann, und das ist Jesus Christus.[10]

Wer darunter leidet, dass Jesus sich Zeit lässt, sollte sich also, so Chambers, bewusst machen, dass nur Jesus Christus den von uns verspürten schmerzhaften Mangel in unserem tiefsten Inneren ausfüllen kann.

Diese Erkenntnis verhalf mir selbst zu einem „Lazarus-Moment" – einem Augenblick der Einsicht, der Selbsterkenntnis und der Gotteserkenntnis. Da auch meine Seele „krank" war, hatte ich von meinem Vater etwas erwartet, das nur Jesus vermag – dass er mich bedingungslos lieben würde. Die inneren Wunden, die mir in meiner Kindheit zugefügt wurden, werden in diesem Leben vielleicht nie ganz heilen. Doch die Erkenntnis, dass Gott mich unendlich liebt, war für mich der erste Schritt aus dem Klammergriff, der mich gefangen hielt und die Beziehung zu meinem irdischen und zu meinem himmlischen Vater beeinträchtigte. Aber damit das möglich war, musste ich mich von meinen Illusionen lösen. Indem ich die Wahrheit von Gottes Liebe für mich in Anspruch nahm, wurde ich frei.

Wenn allein Jesus unseren Mangel ausfüllen kann, was tun wir dann, wenn selbst Jesus uns „versetzt"? Ich kann mir vorstellen, dass Maria und Marta auch Tränen der Wut vergossen, als sie den Leichnam ihres Bruders für die Beisetzung herrichteten. Jede Träne, jeder Seufzer erzählte von ihrer Enttäuschung über Jesus. Beide Frauen trugen Jesus klagend dasselbe Enttäuschungsbekenntnis vor: „Herr, wärst du hier gewesen, wäre mein Bruder nicht gestorben" (Marta, Johannes 11,21; Maria, Johannes 11,32). Ihr gemeinsames Bekenntnis offenbart, welcher Illusion beide aufgesessen waren: *Wenn Jesus da ist, kann uns nichts passieren.*

Diese Illusion war die Wurzel ihrer furchtbaren Enttäuschung. Und das ist bei uns nicht anders: Wenn wir von Gott, voneinander und von uns selbst enttäuscht sind, ist das meist auf falsche Vorstellungen zurückzuführen. Die Wahrheit lautet: Illusionen führen zu Enttäuschungen und unerfüllten Erwartungen.

Darum ist es so wichtig, dass wir immer wieder „Enttäuschung" praktizieren, weil dies ein notwendiger Schritt auf dem Weg hin zu einem veränderten Menschen ist. Wir klammern uns an so viele Lebenslügen und Illusionen, anstatt die Wahrheit anzunehmen. Illusionen zum Beispiel darüber, wie ein „perfektes" Weihnachtsfest auszusehen hat, wie die Märchenhochzeit ablaufen wird, dass wir eines Tages den Job bekommen werden, der unsere Berufung auf ideale Weise mit den Nöten dieser Welt zusammenbringt, dass wir die eine Beziehung finden werden, die das schwarze Loch in unserem Herzen ausfüllen wird ... All dies und mehr kann der Stoff für unsere Enttäuschungen über das Leben und übereinander sein. Wenn wir uns dagegen unseren Illusionen stellen, haben wir die Möglichkeit, eine falsche Wirklichkeit zu demaskieren und die Wahrheit zu entdecken, die uns echtes Leben schenkt.

Jesus konfrontierte die Schwestern mit der Wahrheit und die Wahrheit befreite sie von ihren Illusionen. Die Wahrheit ist, dass Jesus das Leben, wie sie es kannten und wie wir es heute kennen, neu definierte. Illusionen bringen falsche Hoffnungen und ein falsches Leben hervor. Wenn wir diese Wahrheit annehmen, können wir in den Genuss von Freiheit und einem Leben kommen, das diesen Namen auch verdient. In der Geschichte von Lazarus steckt eine universelle Weisheit: Man muss die Wahrheit akzeptieren, wenn man sich verändern will. Wenn Jesus sich Zeit lässt, bevor er eingreift, hilft er uns damit, unseren Illusionen auf die Spur zu kommen und mehr zu entdecken, wie Gott wirklich ist.

Es klingt paradox, aber gerade die Zeiten, in denen Gott am weitesten von uns entfernt zu sein scheint, können auch die Zeiten sein, in denen wir ihn besser kennenlernen. Paulus hat in seinem Brief an die Gemeinde in Rom darauf hingewiesen, als er schrieb: „Und in dieser Hoffnung werden wir nicht enttäuscht werden" (Römer 5,5). Welche Art Hoffnung könnte dies sein? Wenn wir uns gerade in einer schwierigen Situation befinden, fällt es uns schwer, uns darauf zu freuen. Doch genau in solchen Momenten lässt Gott eine neue Art von Hoffnung in uns aufkeimen, eine Hoffnung auf den, der er ist, und nicht auf den, den wir gerne hätten. Es braucht jedoch ein ganzes Leben, um zu verstehen, dass der, *der Gott ist*, uns nicht enttäuschen wird.

Die Herrlichkeit steht bereits vor unserer Tür und ist kurz davor, in unsere Wirklichkeit hereinzubrechen.

Kapitel 3

Im Grab gefangen
Wenn das Leben in eine Sackgasse gerät

„Als Jesus nach Betanien kam, lag Lazarus schon
vier Tage im Grab."
Johannes 11,17 (Gute Nachricht)

- In den Gräbern unseres Lebens – den düsteren Orten
  des Versagens und Schmerzes – beginnt unsere
  Umgestaltung.
- Vielen Menschen ist nicht bewusst, dass es diese
  Gräber wirklich gibt.
- Im Grab erkennen wir, dass wir Gott brauchen.
  Gott gebraucht die Gräber unseres Lebens, um uns
  zu offenbaren, wer er wirklich ist.

Jesus kam nicht nur kurz vor knapp. Er kam zu spät. Während Maria und Marta tagelang auf Jesus warteten, verstarb Lazarus. Das Undenkbare war eingetreten. Lazarus lag in einem echten Grab, mit all der Dunkelheit und dem Verfall, der damit einhergeht, während Maria und Marta sich in einem emotionalen, einem geistlichen Grab aus Sehnsucht, Enttäuschung und Niederlage befanden. Das Grab hielt nun ihren Bruder umschlossen und nicht länger sie.

Lazarus und seine Schwestern machten eine Erfahrung, die viele von uns heute auch machen: Ihr geistliches Leben befand sich in einer Sackgasse. Ihr gesamter Glaube an Gott war ins Wanken geraten. Es gab keinen Ausweg mehr – dachten sie jedenfalls.

Wenn wir uns, geistlich gesehen, in einem finsteren Grab befinden, kann der Zweifel die Hoffnung jederzeit einholen. Eine Scheidung, ein ärztlicher Befund, eine Gemeindespaltung, der Verlust des Arbeitsplatzes oder der Tod eines Familienangehörigen können eine plötzliche Dunkelheit über uns bringen, aus der es kein Entrinnen zu geben scheint. Oder aber unser Leben kommt völlig zum Stillstand, was genauso zur Verzweiflung führen kann. Es kann auch sein, dass in unserem Leben äußerlich alles in bester Ordnung zu sein scheint und uns trotzdem das Herz blutet, weil wir in der Vergangenheit einen schweren Fehler begangen haben oder von Zweifeln geplagt werden, die so stark sind, dass wir alles infrage stellen, was wir bisher geglaubt haben. Und wenn wir einmal in einem emotionalen und geistlichen Grab feststecken – aus welchen Gründen auch immer – und Gott dann nicht eingreift, wenn wir mit ihm rechnen, ist es so richtig finster um uns herum.

Für Zwanzigjährige besteht ein solches Grab wahrscheinlich aus ganz anderen Dingen als für Fünfzig- oder Siebzigjährige. Jeder Lebensabschnitt scheint seine eigenen Prioritäten und Probleme mit sich zu bringen. Doch die Aufgabe, die uns dann in „Grab-Situationen" erwartet, ist in jeder Lebensphase die gleiche. Wir können vor unseren Gräbern davonlaufen oder uns vor ihnen verstecken, doch letzten Endes sind sie ein notwendiger Aufenthaltsort, damit wir uns verändern können, denn in den Gräbern des Lebens lernen wir Gott als den Schöpfer des Lebens kennen.

So wie es ist

In dem Roman „Les Misérables – Die Elenden" von Victor Hugo befindet sich die Prostituierte Fantine – in übertragenem Sinne – in einem Grab aus zerplatzten Träumen und einer Grube der Enttäuschungen. Sie hat von einem besseren Leben geträumt – wie wir das alle auf die eine oder andere Weise tun –, doch die Grausamkeit derer, die Macht über sie haben, die bittere Armut, die Tuberkulose und die Brutalität der Französischen Revolution haben ihr die Hoffnung geraubt und ihren Lebenstraum zunichte gemacht. In der Musical-Fassung singt Fantine von dem Traum, den sie in längst vergangenen Zeiten hatte, einem Traum voller Hoffnung und Leben, einem Traum, so ganz anders als das Leben, das sie führt. Sie scheint stellvertretend für uns alle zu singen:

Ich träumte einen Traum vor langer Zeit …
Ich habe geträumt, dass mein Leben
so ganz anders sein würde als diese Hölle, in der ich lebe,
doch das Leben ist ganz anders, als es schien,
es hat den Traum, den ich träumte, sterben lassen.[1]

Ich habe Fantines Lied auf Einkehrtagen und in Gemeindeveranstaltungen abgespielt, aber auch in privaten Seelsorgesitzungen. Die Reaktionen sind fast immer gleich: betroffenes Schweigen. Wie leicht können wir uns mit Fantines

49

Misere und ihren inneren Verwundungen identifizieren! Diese eigensinnige Frau führt uns unsere geplatzten Träume vor Augen – Männer haben ihre Arbeitsstelle verloren oder in Beziehungen versagt, Frauen haben schmerzhaft erkennen müssen, dass sie niemals an die aufgestylten Models auf den Titelseiten der Hochglanzmagazine herankommen werden, Athleten haben sich verletzt und können sich nicht länger auf dem Sportfeld mit anderen messen oder Paare haben in der Weltwirtschaftskrise die Ersparnisse eines ganzen Lebens verloren.

Fantines Worte reißen bei vielen von uns eine Wunde wieder auf, während wir doch gerade versuchen, uns von den Schlägen des Lebens zu erholen – und aus eigener Kraft aus dem Grab zu krabbeln. Und dabei kann uns die anfängliche Freude darüber, Christ geworden zu sein, auf dem langen, beschwerlichen Heimweg abhandenkommen. Wir haben das Gefühl, in einem Grab festzustecken, und aus dieser Perspektive wirkt das Leben, von dem wir einst geträumt haben, wie ein Luftschloss.

Die bekannte Missionarin Amy Carmichael machte sowohl mit tatsächlichen als auch mit metaphorischen Gräbern Bekanntschaft. Die in Irland geborene Frau zog 1895 nach Indien und kümmerte sich dort um die körperlichen und geistlichen Bedürfnisse der Menschen, darunter auch Tausender Waisenkinder. Dreiundfünfzig Jahre lang arbeitete Amy Carmichael unter den Ärmsten der Armen, ohne auch nur ein einziges Mal für einen Heimataufenthalt nach Irland zurückzukehren.

Carmichael schrieb viele Bücher, die Christen bis heute inspirieren. Eines ihrer Bücher jedoch wurde von ihrer Missionsgesellschaft nur widerstrebend veröffentlicht. Es trug den Titel *Things as They Are*. In diesem wahren Bericht über einen bestimmten Abschnitt ihres Lebens erzählt Amy von der harten Realität in Südindien. Ihre Missionsgesellschaft hatte jedoch Bedenken, dass eine Beschreibung der schrecklichen Bedingungen, unter denen sie arbeitete, ein schlechtes Licht auf die Missionsarbeit werfen und junge Missionare abschrecken könnte, die Arbeit fortzuführen. Darum bat man Amy, doch lieber etwas positiver zu schreiben. Doch sie bestand mutig darauf, ihre Geschichte genau so zu erzählen, wie sie war, ohne etwas zu beschönigen.

Vielleicht tragen wir alle ein solches Buch in uns wie das von Amy Carmichael – ein Buch, das so unverblümt, so aufrichtig und so mutig die Wahrheit sagt, dass es auf andere verstörend wirkt, weil sie die dunklen Seiten des Lebens lieber nicht wahrnehmen möchten. Was geschieht mit den Tagebüchern und Memoiren unserer Seele – unseren Geschichten von unerfüllten Sehnsüchten und zerplatzten Träumen? Dürfen wir denn nicht sagen, wie das geistliche Leben wirklich ist?

Das Grab von Lazarus ist ein eindrucksvolles Bild für das Leben eines Christen. Mein eigenes unveröffentlichtes Buch über das Leben, wie es wirklich ist, enthielte Kapitel darüber, wie ich gefeuert, von einem engen Freund betrogen und wie bei meiner Frau Brustkrebs diagnostiziert wurde und wie mich Panik überfiel bei dem Gedanken, unsere vier Jungen alleine großziehen zu müssen; wie mein jüngster Sohn bei einem Familienausflug im Grand Canyon beinahe ums Leben gekommen wäre; wie ein befreundeter Schriftsteller bei einem Bergsteigerunfall auf einer Männerfreizeit zu meinen Füßen starb … Die Liste ließe sich endlos fortsetzen.

Wir alle könnten Geschichten von den dunklen Gräbern in unserem Leben erzählen, von Zeiten, in denen Jesus einfach nicht auftauchte und wir alle Hoffnung auf die Zukunft verloren hatten. Das Rumsen des Steines, der vor unser Grab gerollt wird, wird zur finsteren Wirklichkeit.

Der Ort der Auferstehung

Nachdem der gute Freund von Jesus seinen letzten Atemzug getan hatte, wurde sein Leichnam für die Bestattung hergerichtet. Zur damaligen Zeit war es aufgrund der Hitze und anderer Umweltfaktoren üblich, Menschen rasch zu bestatten. Die Leiche wurde nicht einbalsamiert, lediglich gewaschen und dann in Tücher gewickelt. Um den Geruch der Verwesung zu überdecken, goss man Duftöle in die Falten der Leichentücher.

Zu diesem Zeitpunkt von Lazarus' Geschichte war der Tod noch nicht „auf der ganzen Linie besiegt" (1. Korinther 15,54; Neue Genfer Übersetzung). Sein Grab steht sinnbildlich für eine theologische Krise: Maria und Marta verloren nicht nur ihren Bruder an den Tod. Sie verloren auch den Glauben, dass alles gut werden würde, weil sie sich ja mit Jesus auskannten.

Gerade dann, wenn wir meinen, Gott zu kennen, geschieht etwas, das unsere hübsch zurechtgelegten theologischen Grundlagen und Glaubenssätze ins Wanken bringt. Kriege im Nahen oder Mittleren Osten, Tsunamis in Indonesien, Erdbeben in Haiti und Terroranschläge in New York, Spanien und England erschüttern unseren Glauben. Persönliche Verluste treffen uns zutiefst, mag es der anhaltende Schmerz über den Tod eines Elternteils sein, über die Erkrankung eines Kindes, eine fade Ehe, die Erinnerung an sexuellen Missbrauch oder das lebenslange Ringen mit einer heimlichen Sucht. In uns und um uns herum werden Fragen laut: *Was geschieht hier? Wo ist Gott?*

An diesem Punkt wird unsere innere Verwandlung oft sabotiert, weil wir das Leiden nicht tun lassen, was nur das Leiden tun kann: uns zu verändern. Wenn wir die gute Nachricht von Jesus wirklich ganz annehmen wollen, müssen wir auch die harte Wirklichkeit unseres irdischen Lebens akzeptieren – mit anderen Worten: die schlechten Nachrichten.

Doch weil wir uns darum bemühen, ein (besonders) geistliches Leben zu führen, wehren wir uns meist mit Händen und Füßen gegen die Zeiten, in denen wir das Gefühl haben, in einem Grab festzustecken. Wir überspielen den Schmerz, indem wir anderen erzählen, es gehe uns „gut", und erwarten das Gleiche von ihnen. Wir füllen unser Leben mit Geschäftigkeit, Essen und oberflächlichen Kontakten, um nur ja nicht abends allein in einem stillen Haus sitzen zu müssen.

Eine Religion, die die Tatsache, dass es sinnbildliche Gräber in unserem Leben gibt, nicht bereitwillig annimmt, ist lediglich eine Wohlfühlreligion und bietet keine authentische Beziehung zu Gott. Wenn wir uns nicht mit den verstörenden Fragen befassen, vor die die Gräber unseres Lebens uns stellen, wenn wir so tun, als gäbe es diese Gräber nicht, und wenn wir die schwierigen Aspekte des Lebens und Glaubens ignorieren, dann werden wir nie wirklich verändert werden. Dann wird unser Glaube sentimental. Unsere Lieder werden volkstümlich. Unsere Gebete hohl. Unsere Predigten verkommen zu Gerede. Unsere Bibel wird zu einem austauschbaren Buch.

Wenn wir den Schmerz des Lebens nicht akzeptieren, werden wir das Leben auch nicht in der Fülle kennenlernen, die Jesus uns bringen möchte. Im Grab ereignet sich die Auferweckung – ja, einzig und allein im Grab kann sich die Auferweckung überhaupt ereignen. Erst wenn wir Versagen und Verzweiflung erleben und annehmen, wird unsere Verwandlung beginnen – und nicht enden, wie wir vielleicht vermuten mögen. Wir können nicht leben, wenn wir nicht zuerst geistlich gesehen den Tod erfahren haben.

Das „Grab" von Paulus

Der Apostel Paulus war bereit, das Leben als Christ „so wie es ist" anzunehmen.

Man könnte meinen, dass Paulus Gott durch und durch verstanden hatte – in seinen Schriften erweckt er zumindest häufig diesen Eindruck. Doch in seinem 2. Brief an die Gemeinde in Korinth offenbart er seine Erschütterung und Verzweiflung:

Liebe Schwestern und Brüder, wir möchten euch nicht verschweigen, dass man uns in der Provinz Asia so zugesetzt hat, dass es unsere Kräfte überstieg und wir so verzweifelt waren wie noch nie zuvor in unserem Leben. Ja, ich muss gestehen, wir hatten längst aufgegeben und nur noch darauf vertraut, dass Gott uns von den Toten auferwecken würde (2. Korinther 1,8–9; Willkommen daheim).

Was mag in der Provinz Asia geschehen sein, dass Paulus glaubte, es nicht länger ertragen zu können? Was setzte ihm derart zu, dass er um sein Leben bangte? Die Fachleute sind sich nicht sicher, auf welche Ereignisse Paulus sich hier bezieht. War es eine schwere Erkrankung wie die von Lazarus? War es ein weiterer Übergriff des erbosten Mobs? War es der Betrug eines Freundes?[2]

Ganz gleich, was es war, Paulus war fest davon überzeugt, sein letztes Stündlein habe geschlagen. Lassen Sie uns noch einige andere Übersetzungen heranziehen, um uns ein besseres Bild von der Lage machen zu können, in der Paulus sich befand:

- *Ihr müsst nämlich wissen, [...] dass das, was wir in der Provinz Asien durchmachten, so überaus schwer auf uns lastete und unsere Kräfte so sehr überstieg, dass wir schließlich nicht einmal mehr damit rechneten, mit dem Leben davonzukommen* (Neue Genfer Übersetzung).
- *Wir haben wirklich Vernichtendes erlebt, sodass wir schon glaubten, nicht mit dem Leben davonzukommen. Wir haben dem Tod ins Gesicht gesehen* (Neues Leben).

54

- *Denn wir wollen euch nicht in Unkenntnis lassen, Brüder, über unsere Bedrängnis, die uns in Asien widerfahren ist, dass wir übermäßig beschwert wurden, über Vermögen, sodass wir sogar am Leben verzweifelten* (Elberfelder).
- *Wir waren mit unseren Kräften am Ende und hatten schon mit dem Leben abgeschlossen. Unser Tod schien unausweichlich* (Hoffnung für alle).

„Wir haben Vernichtendes erlebt ... Bedrängnis ... übermäßig beschwert ... mit dem Leben abgeschlossen ... der Tod schien unausweichlich." Das sind bestürzende Worte aus dem Mund des Verfassers großer Teile unseres Neuen Testaments. Paulus wusste also, was Sackgassen, Niedergeschlagenheit und Verzweiflung sind. Er hatte keine Skrupel, die harte Lebenswirklichkeit zu akzeptieren, und mutete diese auch seinen Lesern zu.

Dabei hatte Paulus nicht einmal das Gefühl, Gottes Ruf schützen zu müssen, als er diese schockierenden Worte niederschrieb. Er fühlte sich nicht bemüßigt zu schreiben: „Ich werde euch jetzt etwas wirklich Schlimmes erzählen, aber vergesst dabei nicht, dass Gott gut ist – immer und jederzeit." Paulus ließ die Fakten für sich sprechen. Er beschönigte nichts. Er beschrieb eine Wirklichkeit des geistlichen Lebens, die wir uns oft nicht in Worte zu fassen getrauen.

Die Worte von Paulus geben uns – genau wie Lazarus' Geschichte – die Erlaubnis, uns selbst einzugestehen, dass es in unserem Leben Zeiten gibt, in denen wir das Gefühl haben, am Ende zu sein. Erledigt. Aus und vorbei. Wir brauchen die Freiheit, auch unsere düstersten Gedanken in Worte fassen zu dürfen, anstatt sie hinter geistlichen Klischees und frommer Insidersprache verstecken zu müssen – der Sprache, in der Niedergeschlagenheit, Verzweiflung und Enttäuschung keinen Platz haben. Würden mehr Predigten, Seminare und Bücher mit dem Titel „So wie es ist" unserer Beziehung zu Gott nicht eher guttun?

Gott allein

Im Anschluss an seinen Erfahrungsbericht schreibt Paulus: „Doch auf diese Weise haben wir gelernt, nicht auf uns selbst zu vertrauen, sondern auf Gott, der die Toten auferweckt." In den schweren Zeiten musste Paulus alle Überzeugungen ablegen, die nur auf schwachen Beinen standen, sowie alles, was er sich selbst vorgegaukelt hatte.

Und genau dies geschieht in den „Grab-Zeiten" unseres Lebens: Uns wird alles genommen, sodass nichts mehr unsere Verletzlichkeit bedecken kann. Wir stehen nackt vor dem Gott der Auferstehung und des wahren Lebens. Jede „Grab-Erfahrung" gibt Gott die Gelegenheit, das Undenkbare zu tun. Jedes „Grab" wird zu dem Ort, an dem Gott tun kann, was nur er tun kann.

Paulus und Lazarus lernten, was auch wir lernen müssen: Veränderung beginnt nicht durch eigene Anstrengungen; Veränderung beginnt bei Gott. Der kalte, starre, von Totenflecken übersäte Leichnam von Lazarus wäre ohne Gottes Eingreifen lediglich verwest. Ohne Gottes veränderndes Wirken wird unser Glaube steif, unsere Theologie unnachgiebig und unser Herz starr; nichts rührt uns mehr an, wir spüren Gottes Gegenwart nicht mehr und haben keine Kraft, so zu leben, wie es seinem liebevollen Plan für uns entspricht.

In „Grab-Situationen" müssen wir einsehen, dass wir uns ohne Gott nicht verändern können. Wie wir noch sehen werden, sind wir an diesem Prozess zwar auch nicht ganz unbeteiligt, aber hier geht es nicht um Methoden zur Selbsthilfe, mit denen wir uns am eigenen Schopfe aus der Misere ziehen könnten. Gott ist derjenige, der uns rettet. Paulus bringt dies auf den Punkt, wenn er an die Gemeinde in Korinth schreibt: „Und tatsächlich hat er uns aus der Todesgefahr befreit. Nun sind wir sicher, dass er es wieder tun wird" (2. Korinther 1,10).

Paulus hatte von Lazarus gehört. Paulus wusste, dass der Gott der Auferstehung – derselbe Gott, der Lazarus wieder lebendig gemacht hatte, derselbe Gott, der Jesus zum Leben erweckt hatte – jede Person oder Situation verändern konnte, wie schlimm die Lage auch sein mochte. Selbst Gräber können Gott nicht davon abhalten, Menschen zu retten und zum Positiven zu verändern. Wenn wir einsehen, dass wir uns selbst nicht befreien können, ist endlich der Augenblick gekommen, in dem Jesus auftaucht.

Kein Grab ist zu dunkel

Gott zeigt sich in unserem Leben dort am stärksten, wo wir einsehen, dass wir keinen anderen Halt haben. L. B. Cowman beschreibt diese herausfordernde Wahrheit mit den Worten: „Unser allmächtiger Gott ist wie ein Vater, dem es Freude macht, die ihm anvertrauten Kinder bis ganz an den Rand einer Klippe zu führen und sie dann über den Abgrund in die gähnende Leere zu schubsen."[3] Jesus selbst sagt zu uns: „Glücklich zu preisen sind die, die am Ende ihrer Kräfte sind. Je weniger von euch da ist, desto mehr ist von Gott und seiner Herrschaft da" (Matthäus 5,3; The Message).

Gott hat eine Schwäche für gewöhnliche Menschen, die sich verzweifelt nach Veränderung sehnen; die Bibel ist voll von ihnen: der kranke Diener des Hauptmanns, die Frau am Brunnen, der seit achtunddreißig Jahren gelähmte Mann am Teich Bethesda. Warum sind wir nie darauf gekommen, einen Zusammenhang herzustellen? Denn dann würden wir erkennen, wo Veränderungen am häufigsten stattfinden. Schon lange bevor wir Versagen und Verzweiflung erlebt haben, gab es zahllose Männer und Frauen, die vor ihren „Gräbern" nicht geflohen sind und heute gute Beispiele für Menschen sind, die von Gott verändert wurden.

Denken Sie nur an Josef, der ein ganz neuer Mensch wurde, während er aufgrund falscher Anschuldigungen in Ägypten im Gefängnis saß, und der später über die bösen Absichten seiner Brüder sagen konnte: „Was mich betrifft, hat Gott alles Böse, das ihr geplant habt, zum Guten gewendet. Auf diese Weise wollte er das Leben vieler Menschen retten" (1. Mose 50,20).

Der Prophet Daniel versuchte, alles richtig zu machen und Gott zu ehren. Doch durch heimtückische Intrigen landete er in einer Sackgasse namens Löwengrube. Der König, der sich besorgt fragte, ob Daniel ein solches Inferno wohl überlebt hatte, eilte im Morgengrauen zur Grube und rief: „Daniel, du Knecht des lebendigen Gottes, hat dich dein Gott, den du so treu verehrst, vor den Löwen gerettet? [...] Ich befehle allen Bürgern meines Reiches, dass sie vor dem Gott Daniels zittern und sich vor ihm fürchten sollen" (Daniel 6,21.27). Ein ganzes Volk wurde verändert, weil ein einzelner Mann in eine Sackgasse geraten war, aus der ihm nur Gott allein heraushelfen konnte.

Für den ängstlichen Propheten Jona wurde der Bauch eines Fisches zum Ort der Umgestaltung. Petrus wurde ein ganz anderer Mensch, weil er Jesus verleugnet hatte. Thomas veränderte sich, weil er sich mit seinen Zweifeln auseinandersetzte. Paulus veränderte sich, obwohl er die Christen rigoros verfolgt hatte.

Die einfache Wahrheit lautet: Gott kann jeden Umstand, jedes tragische Ereignis, jeden Menschen, der uns ungerecht behandelt, dazu gebrauchen, uns zu verändern. Kein Grab ist zu dunkel, keine Situation zu schwierig, kein Leben zu zerbrochen, als dass Gott durch sie nicht das Feuer der Umwandlung anfachen könnte.

Mit Paradoxien leben

„Es war die beste und die schönste Zeit, ein Jahrhundert der Weisheit und des Unsinns, eine Epoche des Glaubens und des Unglaubens, eine Periode des Lichts und der Finsternis. Es war der Frühling der Hoffnung und der Winter des Verzweifelns."[4]

Paradoxa dieser Art sind im geistlichen Leben etwas ganz Alltägliches, und wir müssen lernen, damit umzugehen. Wie ist das möglich? Es war doch sicher entweder die beste Zeit *oder* die schlechteste Zeit, aber doch nicht beides gleichzeitig. Doch als Paulus ganz unverblümt von seinem Leben erzählte, gab er uns damit ein Beispiel, wie wir über beide Seiten unseres Lebens reden können. Ja, er sprach von Schwierigkeiten, aber im selben Satz sprach er auch von Trost. Er sagte: „Er ist der Ursprung aller Barmherzigkeit und der Gott, der uns tröstet. In allen Schwierigkeiten tröstet er uns, damit wir andere trösten können" (2. Korinther 1,3–4). Wir fragen uns wahrscheinlich, wie Schwierigkeiten und Trost nebeneinander existieren können. Es kann doch nur *entweder* Trost *oder* Schwierigkeiten geben, aber doch nicht beides gleichzeitig. Doch genau so drückt Paulus es aus, und was für Paulus möglich ist, ist auch für uns möglich.

Haben Sie schon einmal jemanden sagen hören: „Es war die schlimmste Zeit meines Lebens, aber ich spürte Gottes Gegenwart so stark wie noch nie zuvor"? Oder vielleicht auch: „Ich dachte, ich würde den Tod meines Mannes nicht überleben, aber Gott schenkte mir einen inneren Frieden, wie ich das noch nie erlebt hatte"?

Erst wenn wir gelernt haben, in geistlichen Paradoxa zu reden, beherrschen wir die geistliche Sprache wirklich fließend. Denn wenn wir lediglich von den Segnungen und positiven Aspekten des Christseins reden, erfassen wir nicht die ganze Wahrheit. Das Leben mit Jesus bringt tatsächlich

Freude, Hoffnung und einen Frieden, den wir in keiner anderen Beziehung finden werden. Doch wenn wir Jesus kennenlernen, sind wir noch Bürger dieser Erde, und das bedeutet, dass wir nicht vor Tod, Zweifeln und Sünde gefeit sind. Ehe wir – sinnbildlich gesprochen – auferweckt werden können, müssen wir sterben. Wenn wir das Denken in Paradoxa nicht beherrschen, haben wir weiterhin das Gefühl, wir müssten unsere Bedürfnisse verbergen, unseren Wunsch nach Veränderung ersticken und unsere gewaltige Sehnsucht verdrängen, von innen heraus verwandelt zu werden.

Warum wir Veränderung brauchen

Es gab eine Zeit in meinem Leben, in der ich glaubte, meine Frau und ich seien glücklich verheiratet. Doch da irrte ich mich. Wir hatten vier kleine Söhne, und ich war berufen worden, Hauptpastor einer großen Gemeinde in North Carolina zu werden. Ich war selig vor Glück. Ein großer Mitarbeiterstab. Schicke Büros. Meine eigene Sekretärin. Was wollte ich mehr?!

Wegen meines übergroßen Bedürfnisses nach Bestätigung stürzte ich mich mit Leib und Seele in die Arbeit. Ohne dass ich es bemerkte, entwickelte ich eine Sucht, die so hässlich ist wie Heroin und so zerstörerisch wie Meth. Die Arbeit war für mich zur Sucht geworden, und das Schlimme daran war, dass ich auch noch Anerkennung für meine harte Arbeit bekam. Und je mehr Anerkennung ich bekam, desto mehr arbeitete ich. Meine Gemeinde wuchs und gedieh, was meine Sucht folglich nur noch verstärkte. Erfolg hat aber oftmals eine dunkle Seite und bei mir zeigte sich diese in meiner Ehe und dem häuslichen Leben. In Wahrheit hatte ich nämlich gar kein richtiges häusliches Leben. Ich hatte ein Arbeitsleben und einen Ort, an dem ich mich umziehen und duschen konnte.

Doch an dem Tag, als meine Frau zu ihrer Hausärztin ging, rückten die Wände meines Grabes plötzlich in bedrohliche Nähe. Die Ärztin nahm sich Zeit und befragte Gwen gründlich über ihr Leben als Mutter von vier Jungen unter zehn Jahren und als Pastorenfrau mit allen damit verbundenen Anforderungen. Doch dann bemerkte die Ärztin bei der Untersuchung einen Hautausschlag unter Gwens Ehering. Sie erkundigte sich, ob meine Frau diesen schon länger hätte.

Gwen bejahte.

Daraufhin erwiderte die Ärztin etwas, das zu einem Wendepunkt in unserer Ehe werden sollte: „Gwen, wenn ich einen solchen Ausschlag sehe, dann frage ich mich, ob vielleicht auch die Ehe selbst ‚Ausschlag' hat. Kann das sein?"

Als Gwen mir das erzählte, explodierte ich sofort und meinte, dass diese Ärztin eine Quacksalberin sei. Was hatte ein Ausschlag am Finger mit unserer Ehe zu tun? Ich tat diesen Hilfeschrei meiner Frau und die Diagnose ihrer Ärztin als Unsinn ab und machte weiter wie zuvor. Doch dann, nur wenige Wochen später, krachte das Tor des Grabes donnernd hinter mir ins Schloss.

Es war, nachdem Gary Chapman, der Verfasser des Bestsellers „Die fünf Sprachen der Liebe", ein Eheseminar in unserer Gemeinde gehalten hatte. Er führte aus, dass wir Liebe hauptsächlich durch fünf „Sprachen" vermitteln und empfangen: Hilfsbereitschaft, Geschenke, die von Herzen kommen, Lob und Anerkennung, Zärtlichkeit und Zweisamkeit. Gwen und ich saßen während des Abschlussgottesdienstes ganz vorne im Plenum und lauschten Garys Worten. Unser ältester Sohn Blake saß neben uns. Nach dem Gottesdienst hasteten wir nach Hause zum Sonntagsbraten. Ich musste um 14:00 Uhr bereits wieder für eine Leitungssitzung zurück im Gemeindehaus sein; es stand etwas Dringendes an. Diese Phase meines Lebens war definitiv beherrscht von der „Tyrannei des Dringlichen".

Beim Essen fragte ich meine Söhne, was sie im Gottesdienst gelernt hätten.

Bei meinem Ältesten erkundigte ich mich: „Blake, was meinst du denn, was deine Liebessprache ist?"

Blake tat so, als müsste er lange überlegen – doch er kannte die Antwort bereits. Schließlich sagte er: „Papa, ich weiß, was meine Liebessprache ist: gemeinsam Zeit zu verbringen, aber du bist ja nie da."

Wumm. Damit war das Grab versiegelt. Ich war in eine Sackgasse geraten. Mein Erstgeborener hatte entblößt, wie es wirklich in mir aussah, und hatte dadurch meine Welt zum Einsturz gebracht. Ich war zu einem modernen Abraham geworden, der bereit war, seinen erstgeborenen Sohn zu opfern. Nicht etwa, weil Gott es mir aufgetragen hätte. Sondern weil es allem Anschein nach nicht mit meinem Leben, meiner Karriere und meiner Sucht zu vereinbaren war, das Opfer zu bringen, Zeit mit ihm zu verbringen.

Ich musste mich der Tatsache stellen, dass bei meiner Frau ein schlimmer Ausschlag diagnostiziert worden war, der unsere Ehe bedrohte, und dass mein Sohn sich von mir abgelehnt und ungeliebt fühlte. Der Müsli-Blick war durch den Gemeinde-Blick ersetzt worden. Meine Söhne erlebten mich genauso, wie ich meinen Vater erlebt hatte. Konnte der Kreislauf durchbrochen werden? In meiner Not wandte ich mich an einen Seelsorger, der mir half, mich selbst besser zu verstehen. Ich entdeckte Dinge, derer ich mir überhaupt nicht bewusst gewesen war. (In Kapitel 8 werden wir uns näher damit beschäftigen, wie uns andere auf unserem Weg der Veränderung begleiten können.)

Dann stieß ich auf die folgenden Worte aus Johann Calvins Werk „Unterricht in der christlichen Religion": „Aber andererseits kann der Mensch auf keinen Fall dazu kommen, sich selbst wahrhaft zu erkennen, wenn er nicht zuvor Gottes Angesicht geschaut hat und dann von dieser Schau aus dazu übergeht, sich selbst anzusehen."[5] Aus diesem

Grund sind die Gräber unseres Lebens aus geistlicher Sicht so wertvoll. Sie helfen uns dabei, uns selbst und unser Angewiesensein auf Gott besser zu verstehen. Das Grab wird für uns zu einem Spiegelkabinett, in dem wir uns so sehen, wie wir wirklich sind.

Meine Theologie und mein gesamtes Streben als Pastor basierten auf der irrtümlichen Annahme, dass es vor allem darauf ankomme, mehr Informationen über Gott zu erhalten. Tatsächlich glauben viele von uns, dass wir uns verändern, wenn wir mehr Informationen erhalten und alle offenen Fragen zufriedenstellend geklärt sind. Viele Bücher und Arbeitsmaterialien, die heutzutage für Christen geschrieben werden, basieren auf dieser falschen Annahme. Mehr Kurse, mehr Seminare und mehr Notizen führen jedoch nicht dazu, dass Menschen sich verändern! Wenn das so wäre, dann wäre ich dank der Länge meiner Bücherregale und der Anzahl besuchter Konferenzen bereits zu hundert Prozent ein neuer Mensch. Die Tiefpunkte des Lebens lehren uns, dass Informationen allein nicht zu einer Lebensveränderung führen. Und genauso wenig nützen vermehrte Anstrengungen oder dass wir uns wegen unserer vielen Fehlversuche Asche aufs Haupt streuen.

Auf meinem Weg zur Veränderung musste ich mich gründlich mit meiner Kindheit und meinen inneren Verletzungen auseinandersetzen, um zu verstehen, wie ich in diese Sackgasse geraten war. Augustinus, der berühmte Theologe und Schriftsteller, betete ganz ähnlich in seinen „Bekenntnissen": „Ich werde dich erkennen, der du mich kennest, werde erkennen, gleichwie ich erkannt bin." Wenn wir nicht grundehrlich mit unseren Ängsten, Enttäuschungen, Desillusionierungen und Fehlern umgehen, kann sich keine geistliche Verwandlung vollziehen.

Mein Leben änderte sich, weil mein Sohn, meine Frau und eine Ärztin kein Blatt vor den Mund nahmen. Vielleicht liegt darin einer der Gründe für das Gebot, dass wir einander unsere Schuld bekennen sollen (Jakobus 5,16). Wenn wir nicht mit anderen über unsere „Gräber" reden – und zugeben, wie es in Wahrheit um unsere unerfüllten Sehnsüchte und Träume bestellt ist –, bleiben wir allein im Dunkeln zurück, ohne die tröstliche Gemeinschaft mit anderen, die das Grab ein wenig erhellt.

Wir werden verändert, wenn wir Gott das vollbringen lassen, was Informationen nicht vollbringen können. Wir werden verändert, wenn wir einen ehrlichen Blick auf unser Leben werfen. Wenn wir uns bewusst machen, wie es wirklich um uns bestellt ist – wie schlimm es auch sein mag –, und uns nicht länger vor der Wahrheit über uns selbst, Gott, der Vergangenheit, Gegenwart und Zukunft verstecken.

Seelenpflege

Um meine Frau wiederzugewinnen und meine Rolle als Vater neu zu definieren, beschloss ich, auf meinem persönlichen Weg zur Veränderung einen Zwischenstopp in einem Kloster in Südkalifornien einzulegen. Zwar hielt ich mich nicht gerade für einen Einkehrtypen, doch ich war so unzufrieden mit meinem Leben, dass ich beinahe alles ausprobiert hätte. Das Kloster, so erklärte man mir, würde mich „die Wege Jesu" lehren. Das faszinierte mich, da mein eigener Weg offensichtlich nicht funktionierte. Vielleicht, so dachte ich, kann ich da noch etwas lernen.

Dieses Kloster wurde für mich zu einem Kokon. Einen Monat lang las ich die großen christlichen Klassiker, unternahm lange Spaziergänge und erlebte zum ersten Mal in meinem Leben Stille. Ich traf mich mit Dallas Willard, und bei ihm konnte ich bluten und heilen, klagen und schwach werden, beten und über mein bisheriges Leben nachdenken.

Da meine Seele krank war, hatte ich die Sünde der Geschäftigkeit begangen, die, wie Willard sagt, die einzige

Sünde ist, die von der Kirche gelobt wird. Die Geschäftigkeit verlieh mir eine gewisse Identität und schien meinen Liebeshunger ein wenig zu mildern. Durch meine Arbeit fühlte ich mich wichtig. Als extrovertierter Mensch hatte ich darüber hinaus Angst vor Einsamkeit. Als jemand, der gerne redet, fürchtete ich die Stille. Doch in der Stille fand ich allmählich mein wahres Selbst und entdeckte einen Teil meines Herzens, der auf der Strecke geblieben war. In der Stille vernahm ich endlich die persönliche Einladung Jesu, mich für seine Liebe zu öffnen.

Ich hatte Menschen, die hin und wieder Stille brauchen, immer für schwach gehalten. Dort im Kloster erkannte ich jedoch, wie wahr Henri Nouwen gesprochen hatte, als er sagte: „Einsamkeit ist der Schmelzofen der Veränderung."[6] Zum ersten Mal in meinem Leben begab ich mich an diesen Ort namens „Einsamkeit", und mein Herz fand die Ruhe und die Heilung, nach der ich immer gesucht hatte.

Jene Wochen in der Abgeschiedenheit des Klosters waren für mich wie eine Entziehungskur. Diese Erfahrung veränderte grundlegend meine Ehe, die Beziehung zu meinen Kindern, meine Einstellung zum Dienst und meine Auffassung darüber, wie sich ein Mensch wirklich verändern kann. Heute leiten Gwen und ich ein eigenes christliches Werk, „The Potter's Inn", das es sich zum Ziel gesetzt hat, Menschen wie mich zum Umdenken aufzurufen. Wir bieten denen, die in irgendeiner Form in einem „Grab" feststecken, die herzliche Gemeinschaft von Menschen, die ebenfalls mit Jesus Christus unterwegs sind. Wir bezeichnen dies als „Seelenpflege". „The Potter's Inn" bietet einen kompletten Rundgang durch das Leben von Menschen, um ihr oder ihm dabei zu helfen, herauszufinden, woran ihre Seele wirklich krankt, und neue Schritte auszuprobieren, um Veränderung zu erfahren.

Als ich erkannte, dass mein Innenleben krank ist, entstand in mir der Wunsch, Menschen mit einem ähnlichen

Befund dabei zu helfen, zu lernen, wie Jesus gelehrt und gelebt hat – und dann noch einen Schritt weiterzugehen und das Gelernte auf ihr Leben zu übertragen. Wie wir noch in der Geschichte von Lazarus sehen werden, kann ein Leben, das in einem Veränderungsprozess begriffen ist, unwahrscheinlich viel bewirken.

Süße Dunkelheit

M. Craig Barnes schreibt: „Der alles verändernde Moment im Leben eines Christen ist dann gekommen, wenn wir erkennen, dass sogar Gott uns verlassen hat. Dann erkennen wir nämlich, dass uns nicht wirklich Gott, sondern unser Bild von Gott verlassen hat. Damit sind wir frei, mehr von Gottes geheimnisvollem Wesen zu entdecken, als wir bisher kannten. Nur dann ist Veränderung möglich."[7] Gott gebraucht die „Sackgassen-Zeiten" des Lebens, um sein wahres Wesen zu offenbaren. Gott lässt den jüdischen Propheten Jesaja dies folgendermaßen in Worte fassen:

Und ich gebe dir Schätze, die im Dunkeln verborgen sind – geheime Reichtümer. Das alles tue ich, damit du weißt, dass ich der Herr bin, der Gott Israels, der dich bei deinem Namen ruft (Jesaja 45,3).

Ohne die Dunkelheit des Grabes wandeln wir weiter in unserem eigenen spärlichen Licht und versuchen, das zu leben, was wir für das Leben halten. Die Dunkelheit offenbart den Reichtum des Lebens, den nur Jesus schenken kann.

Johannes vom Kreuz schrieb über diesen schönen, schwierigen Widerspruch in seinem geistlichen Klassiker „Die dunkle Nacht der Seele". Heute sprechen viele Menschen von ihrer „dunklen Nacht der Seele" als einem Ort der Verlassenheit und völligen Einsamkeit, aber das hat Johannes vom Kreuz nicht damit gemeint. Für ihn war die dunkle Nacht eine süße Nacht, eine Nacht, in der man wahre Gemeinschaft mit dem Göttlichen erlebt. Dies ist das Paradox des Grabes. Schon so viele geistliche Schriftsteller haben versucht, uns das zu erklären. Das Ende ist niemals wirklich das Ende. Das Ende ist der Anfang der Erkenntnis und des wahren Lebens.

Manchmal braucht es die Dunkelheit und
die süße Gefangenschaft in deiner Einsamkeit,
damit du erkennst,
dass alles oder jeder,
der dich nicht lebendig macht,
für dich zu klein ist.[8]

Vielleicht gibt es etwas oder jemanden in Ihrem Leben, aufgrund dessen Sie sich eher tot als lebendig fühlen. Vielleicht befinden Sie sich in einer Sackgasse und hören das Rumsen des Steins, der Sie in Ihrem Grab einschließt. Doch die süße Dunkelheit kann Sie auch an etwas erinnern – an jemanden, der im Dunkeln bei Ihnen ist. Denn in Wahrheit gehören Sie nicht ins Grab. Jedes Grab ist zu klein für Sie. Die Zeit, die Sie im Grab verbringen, stellt nur ein kurzes Zwischenspiel vor dem Leben in Fülle dar, das Ihnen zugedacht ist, vor der wahren Veränderung, vor dem Augenblick, in dem Sie in der Dunkelheit Jesu Stimme vernehmen.

Kapitel 4

Die Stimme der Liebe
Wenn dein Retter dich beim Namen ruft

„Dann rief [Jesus] mit lauter Stimme …"
Johannes 11,43

- Aus der Geschichte von Lazarus lernen wir drei
  Wörter, die für das geistliche Leben von enormer
  Bedeutung sind.
- Der einzelne Mensch bedeutet Gott mehr als die Welt
  im Ganzen. Wenn wir das begreifen, wird es unser
  Leben sehr verändern.
- Nur Liebe bewirkt Veränderung.

Wir wissen, wie die Geschichte ausgeht: Lazarus wird vom Tode auferweckt. Als Maria und Marta jedoch vor dem Grab ihres Bruders standen, wussten sie nur, dass er tot war. Dann tauchte Jesus doch noch auf und trat ans Grab, aber keiner der Umstehenden wusste, was er wohl sagen würde. Wir können uns vorstellen, wie mucksmäuschenstill es gewesen sein mag. Den Menschen muss der Atem gestockt haben, als Jesus in dieser beklemmenden Stille entschlossenen Schrittes auf das Grab zuging. Aller Augen waren auf ihn gerichtet. Lediglich das unterdrückte Flüstern einiger Zweifler war zu hören und vielleicht noch die Gebete seiner Freunde, er möge das Undenkbare, das nie Dagewesene, das Unerhörte tun.

Nachdem Jesus also zunächst ausgeblieben war, nach all den Tagen des Grabes, ging er Schritt für Schritt auf den Mann zu, den er zutiefst liebte. Aus jedem Schritt sprach die Entschlossenheit der Liebe, Lazarus zu verändern. In jedem Schritt zeigte sich die radikale Kraft der Liebe. Jesus stand am Eingang des Grabes und sprach die drei wichtigsten Wörter, die Lazarus je hören würde: „Lazarus, komm heraus!"

Die Umstehenden warteten gespannt. Was würde geschehen? Wie sollte Lazarus wieder lebendig werden, nur weil jemand ihn beim Namen rief? Doch plötzlich wurde die schwere Stille des heißen Nachmittags durchbrochen. Im Grab regte sich etwas. Leben. Veränderung. Verwandlung.

Die Klauen des Todes hatten der Liebe nichts entgegenzusetzen. Die Liebe sprach. Die Liebe handelte. Die Liebe verwandelte. Das Wort, das Fleisch geworden war, sprach aus der Tiefe seiner Seele, und diese Worte nahmen dem Tod seine Macht und offenbarten die Herrlichkeit des Vaters. Nichts kann sich mit der Macht der Liebe messen. Nichts. Wenn die Liebe spricht, erwachen wir.

Johannes betont mehr als jeder andere Verfasser des Neuen Testaments, dass die Stimme Gottes nicht die Stimme des

Zorns, der Verdammung, des Hasses oder der Ablehnung ist. Was wir bisher auch geglaubt haben mögen – die Geschichte von Lazarus zeigt, dass Jesus mit der Stimme der Liebe spricht. Dies ist ein ganz wichtiger Punkt, an dem wir unbedingt festhalten müssen; er wird uns dabei helfen, uns von falschen Vorstellungen zu lösen.

Aus den Worten, die Jesus an Lazarus richtete, spricht dieselbe Stimme der Liebe, die heute auch zu uns sprechen möchte. Das Beispiel von Lazarus hilft uns zu verstehen, dass ein Mensch nur durch Liebe verändert werden kann – nicht durch Beeinflussung, Informationen oder Anstrengungen. Lazarus macht uns begreiflich, wie wunderbar es ist, *auf die Stimme Jesu zu hören*. Das Hören auf Jesus gehört zu den wichtigsten Aufgaben auf unserem geistlichen Weg.

Lazarus war seelisch und körperlich leblos. Unempfänglich. Die Totenstarre hatte eingesetzt und sich auch schon wieder aufgelöst. Vielleicht trifft dies momentan auch auf Ihr geistliches Leben zu. Steckt Ihre Karriere in einer Sackgasse? Hängt Ihre Ehe an einem seidenen Faden? Scheint Gott Ihnen so fern, dass Sie nicht einmal im Traum darauf kommen würden, dass er zu Ihnen reden könnte?

Wenn Sie sich aus Ihrem Grab befreien und ein neuer Mensch werden wollen, dann müssen Sie zuerst lernen, darauf zu hören, wie Jesus Ihren Namen ruft. Jesus ruft Ihren Namen – nicht den Ihres Freundes, nicht den Ihres Pastors, nicht den Ihres Lehrers – und lädt Sie ein „herauszukommen". Dies ist eine persönliche Einladung der Liebe an Sie.

Jesus liebt den gewöhnlichen Menschen

Einer der bekanntesten Verse der Bibel findet sich nur wenige Kapitel vor der Geschichte von Lazarus: „Denn Gott hat die Welt so sehr geliebt, dass er seinen einzigen Sohn hingab, damit jeder, der an ihn glaubt, nicht verloren geht, sondern das ewige Leben hat" (Johannes 3,16). Dieser Vers erzählt von Gottes umfassender Liebe. Gott liebt die ganze Welt. Doch als Johannes die Geschichte von Lazarus berichtet, ist nicht von Gottes Liebe zur ganzen Welt die Rede. Wir erfahren dagegen, *dass Gott konkrete und gewöhnliche Menschen liebt, die auf dieser Welt leben.* Bis zu diesem Zeitpunkt wird im Johannesevangelium kein Individuum namentlich als von Gott geliebtes Wesen erwähnt. Das ändert sich jetzt. Der Jünger, den Jesus liebte, verengt Gottes Liebe von einer riesigen, unpersönlichen Welt auf ein konkretes Individuum: Lazarus. Im Laufe der Geschichte lesen wir:

- „Herr, der, den du *lieb hast,* ist sehr krank" (Johannes 11,3).
- Jesus hatte Marta, Maria und Lazarus *lieb* (Johannes 11,5).
- Die Leute, die in seiner Nähe standen, sagten: „Seht, wie sehr [Jesus Lazarus] *geliebt hat*" (Johannes 11,36).

Johannes geht sogar so weit, zu sagen, dass Lazarus der „Freund" von Jesus sei (Johannes 11,11), noch bevor die übrigen Nachfolger Jesu als seine „Freunde" bezeichnet werden (Johannes 15,13–15). In der Person von Lazarus wird die Liebe konkret. Und wenn Liebe konkret wird, verändert sich etwas.

Ich habe vier Kinder und kann sagen: „Ich liebe alle meine Kinder." Doch das ist nicht das, was jeder meiner Söhne hören möchte und hören muss. Jeder meiner Söhne möchte, dass ich *seinen* Namen nenne. Er braucht die Bestätigung, dass ich ihn als Person wertschätze und liebe. Und genauso sehnen wir uns auch danach, dass Gott uns als Person liebt. Menschliche Liebe kann einige wenige auf diese besondere Art lieben; die göttliche Liebe aber kann jeden von uns so lieben. Liebe als Massenprodukt ist das Werk eines gütigen

Diktators; Liebe als individuelle Zuneigung ist das alleinige Werk Gottes.

Der christliche Psychologe und Autor David Benner erklärt: „Es gibt nichts Wichtigeres im Leben, als zu lernen, zu lieben und sich lieben zu lassen … Liebe rührt uns im tiefsten Inneren an, da, wo wir uns danach sehnen, aus der Isolation herauszukommen, wo wir uns nach dem Gefühl der Zugehörigkeit verzehren, das uns bestätigt, dass wir endlich zu Hause sind."[1] Die Geschichte von Lazarus bietet eine wichtige Erkenntnis für unseren eigenen geistlichen Weg, weil sie uns daran erinnert, dass Gott uns als Person liebt, wie er Lazarus liebte. Es ist eine wesentliche Voraussetzung für Veränderung, dass wir lernen, uns lieben zu lassen. Um es noch einmal zu wiederholen: Nur wer lernt, sich lieben zu lassen, kann Veränderung erfahren. Wer diesen Schritt überspringt, für den wird sich nichts ändern.

Vom Kopf ins Herz

In der westlichen Welt gründen wir unseren Glauben an Gott überwiegend auf sorgfältig durchdachte Annahmen. Diese Annahmen formulieren wir dann in Form von Glaubensbekenntnissen. Wir sagen sie im Gottesdienst auf. Sie sind im Gesangbuch abgedruckt. Und doch müssen wir *Gottes Liebe erfahren*, wenn wir von ihr verändert werden wollen.

Es ist schon oft gesagt worden: „Die längste, beschwerlichste Reise auf der Welt ist der Weg vom Kopf ins Herz. Solange diese Reise nicht vollendet ist, befinden wir uns mit uns selbst im Kriegszustand."[2] Die Entfernung vom Kopf zum Herz muss überwunden werden, wenn wir uns verändern möchten. Wir müssen die Liebe, die Gott für jeden von uns empfindet, wirklich erfahren. Ohne diese Erfahrung werden wir uns zwar für lebendig halten, doch innerlich bleiben wir leer und unausgefüllt. Auf diesen etwa fünfundvierzig Zentimetern zwischen Kopf und Herz kommen viele von uns vom Weg ab, der zur Veränderung führen würde. Es führt kein Weg daran vorbei: Wir müssen mit dem Herzen die geheimnisvolle Kraft der Liebe erfassen.

In seinem Brief an die Christen in Ephesus flehte der Apostel Paulus sie an, die Liebe Gottes „persönlich zu nehmen":

Und ich bete, dass Christus durch den Glauben immer mehr in euren Herzen wohnt und ihr in der Liebe Gottes fest verwurzelt und gegründet seid. So könnt ihr mit allen Gläubigen das ganze Ausmaß seiner Liebe erkennen. Und ihr könnt auch die Liebe erkennen, die Christus zu uns hat; eine Liebe, die größer ist, als ihr je begreifen werdet (Epheser 3,17–19; Hervorhebung des Autors).

Paulus möchte, dass wir die Liebe Gottes erfahren und nicht nur Bücher über sie lesen oder Vorträge darüber hören. Wir müssen sie persönlich schmecken. Wir müssen spüren, wie uns ganz warm ums Herz wird bei dem Gedanken daran, dass Gott uns genau so liebt, wie Jesus Lazarus geliebt hat. Wir können einen großen Wissensschatz haben und dennoch unberührt, unlebendig und unverändert bleiben. Paulus wusste das aus eigener Erfahrung nur zu gut, denn seine jahrelangen Anstrengungen, Gott als Pharisäer zu gefallen, hatten ihn aller Lebenskraft beraubt – wie das menschliche Anstrengungen eben immer tun. Doch hier spricht Paulus davon, dass die Liebe das Begreifen *übersteigt*. Die göttliche Liebe ist nicht erklärbar. Sie ist nur erfahrbar.

Während ich dies schreibe, machen meine Frau und ich gerade ein paar Tage Urlaub an der Küste von North Carolina. Unser Sohn Jordan begleitet uns und hat uns bei dieser Gelegenheit seine Freundin Sara vorgestellt. Jordan und Sara sind schon seit einigen Monaten befreundet, doch wir Eltern erleben die beiden jetzt zum ersten Mal als Paar. Jordan hat sich völlig verändert. Er ist ganz hin und weg von Sara. Er legt eine Sanftheit an den Tag, die nicht so recht zu einem Offizier passen will, der kurz vor einem Einsatz im Irak steht. Jordan erzählte uns, dass er von der Kaserne aus erst einmal die zwei Stunden nach Atlanta gefahren sei, um einen Verlobungsring für Sara zu kaufen, ehe er sich auf den Weg zur Küste gemacht hatte. Es ist wunderbar zu sehen, wie gewaltig Jordan sich aus Liebe verändert hat. Liebe hat diese Kraft. Ein verliebter Mensch – gibt es eine vergleichbare Kraft auf Erden?

Wenn Gottes Liebe uns anrührt, bleiben wir nicht die Alten. Diese wunderbare Liebe krempelt uns völlig um. Ich habe es aufgegeben, den Grund dafür verstehen zu wollen. Es handelt sich um ein noch tieferes Geheimnis als die Veränderung, die bekanntermaßen mit uns vor sich geht, wenn wir uns in jemanden verlieben. Menschliche Liebe besitzt auch eine gewisse Kraft, Menschen zu seltsamen Dingen zu treiben, doch nur die göttliche Liebe bringt das Leben hervor, das Sie und ich so nötig haben.

Gottes Stimme der Liebe veränderte auch das Leben von Jesus. Dieser stand im Jordan und wollte sich von seinem Cousin, Johannes dem Täufer, taufen lassen. Der Evangelist Markus berichtet, dass die Wolkendecke während der Taufe aufriss. Die göttliche Liebe brach sich Bahn und die Wolken waren dabei im Weg. Die Liebe konnte sich nicht zurückhalten. Die Liebe sprach und der Himmel öffnete sich (Markus 1,10). Jesus und die Umstehenden hörten eine Stimme sagen: „Du bist mein geliebter Sohn, an dir habe ich große Freude" (Markus 1,11). Die Liebe sprach und das Leben Jesu nahm eine neue Richtung: Mit diesem Tag begann das öffentliche Wirken des Jesus von Nazareth.

Wenn wir erkennen, wer wir wirklich sind – die geliebten Kinder Gottes –, erwachen wir zu dem Leben, für das wir ursprünglich geschaffen wurden. Gott wünscht sich nichts mehr, als dass wir dieses Leben leben. An Lazarus' Grab sehen wir, wie die Liebe Jesus dazu treibt einzugreifen. Und auf diese Liebe reagiert Lazarus. So ist das eben mit der Liebe: Sie setzt uns in Bewegung – weg vom Tod, hin zum Leben. Sie macht uns Beine, sie verändert, sie verwandelt uns. Doch wenn wir nicht eine *persönliche* Erfahrung mit dieser Liebe machen, werden wir die Alten bleiben.

Sich von Gott anrühren lassen

Ich habe mich auf dem College in Bibelarbeiten mit der Liebe Gottes beschäftigt. Ich habe die griechischen und hebräischen Ausdrücke für Gottes Liebe auf einer Theologischen Hochschule gelernt. Ich habe als Pastor über die Liebe Gottes gepredigt. Für mich war es ganz selbstverständlich, anderen von der Liebe Gottes zu erzählen. Doch wenn ich allein war, fragte ich mich, wie Gott *mich* denn wohl lieben können sollte. In meiner Vorstellung liebte Gott andere Menschen; Menschen, die begabter, talentierter oder körperlich attraktiver waren als ich – ja, selbst Menschen mit mehr Haar! Aber wenn ich in den Spiegel sah, konnte ich mir nicht vorstellen, von Gott geliebt zu werden.

Jahrelang zerfraß dieses Krebsgeschwür meine Seele. Es untergrub mein Leben: meine Beziehungen, Jobs, einfach alles. Ich hatte das Gefühl, beweisen zu müssen, dass ich liebenswert war, während ich mich eigentlich selbst ablehnte. Und wie ich an anderer Stelle beschrieben habe, hatte dieses Bedürfnis, unter Beweis zu stellen, dass ich liebenswert war, schlimme Folgen für meine Familie. Ich suchte Liebe und Anerkennung eher in meinem Beruf als bei Gott. Erst als ich erkannte, dass ich wirklich von Gott geliebt war – als seelenkranker Mann Mitte vierzig –, begann ich, mich zu verändern.

Die Saat der Veränderung, die in meinem Leben Wurzeln schlug, war die folgende Erkenntnis: Ich musste annehmen lernen, dass ich angenommen war. Ich musste mich lieben lassen. Das hieß für mich, dass ich mit der Tatsache zurechtkommen musste, dass Gottes bedingungslose Liebe mir persönlich und nicht etwa nur „der Welt" galt. Ich fand es jedoch leichter, anzunehmen, dass Gott die ganze Welt liebt, als mich persönlich.

Vielleicht hatte Lazarus ja dasselbe Problem. Er hatte gesehen, was Jesus alles getan hatte, er war Zeuge seiner Wunder gewesen und hatte ihn reden hören, doch solange Jesus nicht vor seinem Grab stand und ihn persönlich beim Namen rief, hatte er an dem Leben, das Jesus ihm zugedacht hatte, vorbeigelebt. Lazarus konnte erst dann die verändernde Kraft Gottes persönlich erfahren, als Jesus zu ihm sprach, als er im Grab lag.

Es ist so viel einfacher, anderen von Gottes Liebe zu erzählen, als selbst von Herzen zu glauben: *Gott liebt mich!* Doch wenn Gottes Liebe für uns nicht persönlich wird, werden wir niemals wirkliche Veränderung erfahren, weil wir nicht glauben werden, dass Gott in der Lage ist, aus uns tatsächlich die Individuen zu formen, zu denen er uns ursprünglich geschaffen hat. Diese Art von Liebe sagt einfach: „Ich bin wichtig und du bist auch wichtig!" Diese Art von Liebe ist unwiderstehlich und ansteckend.

Solange wir nicht erkennen, dass Jesus willens und fähig ist, an unser Grab zu treten und uns Worte der Liebe zuzusprechen, leben wir eine Lüge. Wir stehen in der Kirche und singen von Gottes Liebe und dem Leben, das uns Jesus anbietet, doch innerlich fühlen wir uns einsam und fürchten, dass er uns nicht wie Lazarus beim Namen rufen wird. Diese Art von Lüge beraubt uns des Lebens, das Jesus sich für uns wünscht: ein Leben, in dem wir uns an der Liebe Gottes erfreuen, der alles dafür geben würde, um uns in die Freiheit zu rufen.

Von Gottes Gebot zu lieben

Unlängst leitete ich eine Einkehrtagung zu dem Thema „Von Gott geliebt sein". Kurz nach meinem Vortrag kam ein Mann mit hochrotem Kopf auf mich zu; er pflügte beinahe durch die Menge, die geduldig darauf wartete, ein paar Worte mit mir zu wechseln.

„Ich habe mich hier angemeldet, um mir von Jesus in den Hintern treten zu lassen", sagte er, „und nicht, um mir anzuhören, wie toll ich doch bin. Ich kann dieses Wohlfühlzeugs nicht mehr ertragen! Ich will die Wahrheit hören!"

Ich weinte innerlich, denn dieser Mann war darauf getrimmt worden, zu glauben, er müsse sich schuldig fühlen, um Gott nahe sein. Wenn er sich nicht verurteilt fühlte, fühlte er sich Gott auch nicht nah. Er wollte nicht hören, wie wertvoll er in Wahrheit war, er wollte nicht hören, dass er wunderbar gemacht war, und auch nicht, wie begehrenswert er in Gottes Augen war. Jahrelang hatte er von einem zornigen, enttäuschten himmlischen Vater gehört, dem er es nie recht machen konnte, wie sehr er sich auch anstrengte.

Wir haben die Spannung zwischen Selbstverleugnung und Selbstliebe in unserer christlichen Kultur zu sehr gelockert. Es scheint, als schafften wir den Spagat zwischen diesen beiden zentralen Lehren des christlichen Glaubens nicht mehr. Paulus nennt das Gebot: „Liebe deinen Nächsten wie dich selbst" (Galater 5,14) in seinem Brief an die Galater das ganze Gesetz. Darin ist alles enthalten.

Wir lernen, uns lieben zu lassen, wenn wir lernen, auf Gottes Stimme zu hören. Doch häufig bereitet uns die Vorstellung, dass wir uns selbst lieben sollen, Unbehagen. Sich selbst zu lieben scheint den Lehren Jesu über die Selbstverleugnung zu widersprechen, sagte er doch: „Wer von euch mir nachfolgen will, muss sich selbst verleugnen" (Matthäus 16,24), und: „Wer mir nachfolgen will, muss mich mehr lieben als Vater und Mutter, Frau und Kinder, Brüder und Schwestern – ja, mehr als sein Leben. Sonst kann er nicht mein Jünger sein" (Lukas 14,26). Walter Trobisch, ein Schweizer Seelsorger und Schriftsteller, merkt sehr treffend an: „Wir sind so auf Selbstaufgabe, Selbstaufopferung, Selbstverleugnung getrimmt, die Angst vor jeglicher vermeintlichen ‚egoistischen' Regung ist uns so eingeimpft, dass uns die Aufforderung zur Selbstliebe fast als eine Blasphemie, eine offene Aufforderung zur Gottlosigkeit und zum Ungehorsam erscheint."[3]

Doch es ist keine Blasphemie, sich lieben zu lassen. Ganz im Gegenteil. Diese Liebe abzulehnen hieße, Jesu Botschaft abzulehnen. Jesus fordert uns nicht dazu auf, lediglich um uns selbst zu kreisen, aber er möchte, dass wir wissen, wie unendlich wertvoll wir in Gottes Augen sind, und dass wir aus diesem Verständnis heraus leben. Er möchte uns davon überzeugen, dass wir nichts tun können, damit Gott uns mehr oder weniger liebt, als er es ohnehin schon tut. Das entspricht aber nicht unserer „Immer-mehr-und-immer-besser"-Kultur, wie der Priester und Schriftsteller Henri Nouwen ausführt:

Ja, es gibt die Stimme, die Stimme der Liebe, die Stimme, die vom Himmel her und aus deinem Inneren zu dir spricht, einmal leise geflüstert, ein anderes Mal laut gerufen: „Du bist mein Geliebter, an dir habe ich Wohlgefallen." Es ist gewiss nicht einfach, sie in einer Welt zu hören, die voller Stimmen ist, die schreien: „Du taugst zu nichts, du bist hässlich; du bist wertlos, bist unnütz, du bist niemand – und beweise gefälligst das Gegenteil!" Diese negativen Stimmen sind so laut und durchdringend, dass wir ihnen nur allzu schnell Gehör schenken.[4]

Wenn wir glauben, dass Gott immer zornig, irritiert oder enttäuscht von uns ist, werden wir niemals hören, wie er uns aus dem Grab herausruft. Vielleicht heben wir die Köpfe von den kalten Steinen, die wir unser Zuhause nennen, aber wir sagen: „Nein. Es kann nicht sein, dass Jesus mich ruft. Er muss jemand anderen meinen." Negative Stimmen rufen uns zu: „Das kannst du nicht", „Das bist du nicht", oder: „Du hast nicht das Zeug dazu." Sie verleiten uns dazu, lieber auf Nummer sicher zu gehen und im Grab zu bleiben.

Hören Sie sich dagegen die liebevolle Einladung Jesu an:

Bist du müde? Erschöpft? Fertig mit der Religion? Dann komm zu mir. Komm mit mir und du wirst dein Leben zurückgewinnen. Ich werde dir zeigen, wie du dich wirklich ausruhen kannst. Geh mit mir und arbeite mit mir zusammen – sieh mir dabei zu. Lerne die ungezwungenen Rhythmen der Gnade. Ich werde dir nichts Schweres oder Bedrückendes auferlegen. Bleib in meiner Nähe, und du wirst lernen, frei und leicht zu leben (Matthäus 11,28–30; The Message).

Dies sind Worte, die wir uns in aller Ruhe anhören sollten. Dies sind Worte in einer Sprache, die etwas in uns zum Klingen bringt: *Finde wieder zu wahrem Leben zurück. Gönn dir eine Pause. Folge meinem Beispiel.* Und vor allem: *Lebe frei und unbeschwert.* Dies sind Worte der Liebe, nicht wahr? Dies ist die Einladung Jesu, zu ihm zu kommen. Doch können wir in unserer modernen Welt der Termine überhaupt noch verstehen, dass es nicht das Gleiche ist, ob wir nun zu Jesus oder zu einem Meeting gehen? Die Erkenntnis dessen, was es heißt, Jesus wahrhaftig zu begegnen, ist Teil des Wachstumsprozesses.

Wenn wir erschöpft sind, weil wir ständig versuchen, aus eigener Kraft eine Gewohnheit abzulegen, ist es an der Zeit, dass wir uns von Jesus den Weg zeigen lassen. Wenn Jesus sagt: „Suche die Gemeinschaft mit mir und arbeite mit mir zusammen", dann hören wir damit die Einladung eines liebenden Gottes, der sagt: „Gut, du hast es auf deine Art versucht. Nun versuch es doch mal auf meine Weise."

Henri Nouwen schreibt weiter:

Im Lauf der Jahre bin ich zu der Erkenntnis gekommen, dass die größten Fallen in unserem Leben nicht der Erfolg sind, nicht die Berühmtheit und nicht die Macht, sondern die Verachtung seiner selbst. […] Die Verachtung seiner selbst ist der größte Feind des geistlichen Lebens, denn sie sagt das gerade Gegenteil davon, was die Stimme vom Himmel her sagt: „Du bist ein geliebter Mensch.“ Dass wir geliebte Wesen sind, ist die Kernwahrheit unseres Daseins.[5]

Die Liebe mit ihrer verändernden Kraft gibt uns die Sicherheit, wirklich zu leben! Sie erinnert uns an unsere wahre Identität als Kinder Gottes. Sie erinnert uns daran, dass wir nichts tun können, damit Gott uns liebt – er tut es sowieso schon. Wenn wir auf dieser sicheren Grundlage stehen, können wir auch andere lieben, genau wie ein Kind, das zu Hause Liebe erfährt, mit anderen fröhlich und unbefangen umgeht. Wenn wir erkennen, wie sehr Gott uns liebt, erkennen wir auch, wie und wofür er uns geschaffen hat.

Mit Gott an unserer Seite

Nicht einmal der Tod konnte Jesus davon abhalten, Lazarus zu zeigen, wie groß seine Liebe zu ihm war. Paulus erinnert uns daran, dass „nichts und niemand in der ganzen Schöpfung […] uns von der Liebe Gottes trennen“ kann (Römer 8,39). Nichts!

Diesen Gedanken vertieft Paulus noch in dem bekannten Abschnitt aus dem 8. Kapitel des Römerbriefes, wo er einige schlimme Schicksalsschläge aufzählt, bei denen man befürchten könnte, dass sie die Kraft der Liebe einschränken:

Wer sollte uns verurteilen? Christus Jesus selbst ist ja für uns gestorben. Mehr noch, er ist der Auferstandene. Er sitzt auf dem Ehrenplatz zur rechten Seite Gottes und tritt für uns ein. Kann uns noch irgendetwas von der Liebe Christi trennen? Wenn wir vielleicht in Not oder Angst geraten, verfolgt werden, hungern, frieren, in Gefahr sind oder sogar vom Tod bedroht werden? Schon in der Schrift heißt es: „Weil wir an dir festhalten, werden wir jeden Tag getötet, wir werden geschlachtet wie Schafe." Aber trotz alldem tragen wir einen überwältigenden Sieg davon durch Christus, der uns geliebt hat. Ich bin überzeugt: Nichts kann uns von seiner Liebe trennen. *Weder Tod noch Leben, weder Engel noch Mächte, weder unsere Ängste in der Gegenwart noch unsere Sorgen um die Zukunft, ja nicht einmal die Mächte der Hölle können uns von der Liebe Gottes trennen. Und wären wir hoch über dem Himmel oder befänden uns in den tiefsten Tiefen des Ozeans,* nichts und niemand in der ganzen Schöpfung kann uns von der Liebe Gottes trennen, die in Christus Jesus, unserem Herrn, erschienen ist (Römer 8,34–39; Hervorhebungen des Autors).

Nehmen Sie sich einen Moment Zeit, um diese Worte noch einmal zu lesen. Denken Sie dabei an etwas, das Ihnen zurzeit das Leben schwermacht oder einem von Ihnen geliebten Menschen. Welche Schwierigkeiten kommen Ihnen dabei in den Sinn? Was macht Ihnen gerade zu schaffen? Was bedroht Sie? Was scheint sich zwischen Sie und Gottes Liebe zu schieben?

Halten Sie noch einmal inne, und hören Sie, wie die Stimme der Liebe Sie ruft. Sie ist mächtiger als alles, was Sie quält. Diese heilige Liebe, der Jesus verbal Ausdruck verleiht, ist die stärkste Kraft, die wir je gesehen haben. David Benner bringt dies sehr schön auf den Punkt: „Die Schwerkraft mag Planeten in ihrer Umlaufbahn halten, und die elektromagnetische Kraft mag das Atom zusammenhalten, doch nur die Liebe hat die Kraft, Menschen zu verändern."[6] Jemand, der uns liebt. Jemand, der für uns kämpft. Jemand, der für und nicht gegen uns ist. Jemand, der uns herausholt. Jemand, der aller Welt zeigt, dass wir ihm wichtig sind. Jemand, der sagt: „Ich will dich. Ich nehme dich so an, wie du bist. Ich bin für dich da. Komm, legen wir los." Als Jesus die entscheidenden Worte an Lazarus richtete – „Lazarus, komm heraus!" –, bewies er damit, dass er *für* Lazarus war. Das gehört zum Wesen dieser Liebe. Die heilige Liebe verkündet uns immer und immer wieder, dass Gott für uns ist.

Solange wir die Kraft dieser heiligen Liebe jedoch noch nicht erfahren haben, werden wir jedem nachlaufen, der uns Liebe verspricht. Wir werden alles Mögliche ausprobieren, um Liebe zu erfahren. Uns wird jedes Mittel recht sein, um Liebe zu spüren. Doch letzten Endes müssen wir einsehen, dass allein Gottes Liebe uns befreit und verändert.

Auf die Stimme der Liebe hören lernen

Während jenes Lebensabschnitts, in dem ich eine beträchtliche Zeit in meinem „Grab" zubrachte, waren meine Tage dermaßen vollgestopft, dass ich mir wie ein Hamster in einem Hamsterrad vorkam, der nicht abspringen konnte. Ich hielt das herumwirbelnde Leben für das wahre Leben und wusste nicht, dass ich eine Alternative hatte. Ich kannte das Leben nicht, das Jesus uns versprochen hat. In dieser Situation hielt mir ein guter Freund einen Spiegel vor: „Steve, du bist ein Mann, der immer kämpft – der darum kämpft, geliebt zu werden." Ich dachte: *Wenn ich gute Leistungen bringe, werde ich geliebt. Wenn ich etwas Außergewöhnliches vollbringe, werde ich geliebt.* Es war ein Leben voller Wenns: *Wenn ich dies tue, dann … Wenn ich jenes tue, dann …*

Mein Weg aus dem Grab der Geschäftigkeit und Isolation begann damit, dass ich zwei der für einen Extrovertierten unnatürlichsten Aktivitäten praktizierte: still sein und Einsamkeit erleben. Während meiner Zeit im Kloster war ich gezwungen, ein „abstinenter Extrovertierter" zu werden: jemand, der versuchte, einen Lebensrhythmus zu finden, in dem sich Phasen der Geselligkeit mit Phasen der Einsamkeit, Phasen des Aktivseins mit Phasen des Stillseins abwechseln.

In der Stille wurde mir bewusst, wie laut es in meinem Inneren tatsächlich war. Ich vernahm dauernd Sätze wie: *Das ist doch die reinste Zeitverschwendung. Du könntest so viel mehr auf die Beine stellen, wenn du einfach nach Hause gingest.* Und das Totschlagargument meiner inneren Stimme lautete: *Und dafür hast du auch noch bezahlt?* Es brauchte Zeit und Übung, bis es mir gelang, meine lauten inneren und äußeren Welten zum Schweigen zu bringen. Doch schon bald genoss ich die Zeiten des Alleinseins mehr, als zu Hause auf meiner Terrasse zu stehen und Würstchen für eine Partygesellschaft zu grillen.

Durch Stille und Einsamkeit lernte ich, das zu hören, was meine kranke Seele hören musste: *Ich bin geliebt. Ich bin gewollt. Jesu Liebe gilt mir.* Das hatte ich nicht hören können, solange ich bis zur Halskrause in Arbeit steckte. Ich konnte es nur dadurch hören, dass ich mich an einsame Orte zurückzog und darauf lauschte, wie Jesus sich bei all den 6,9 Milliarden Menschen auf diesem Planeten ausgerechnet an *mich* wandte und sprach: „*Steve*, komm heraus!"

Als ich Jesu Stimme der Liebe schließlich hörte, erkannte ich, dass ich gar nicht so geschäftig sein musste, um Anerkennung zu gewinnen. Ich nahm zum ersten Mal wahr, dass meine Suche nach Annahme mich davon abhielt, meine Familie von ganzem Herzen zu lieben. Meine Welt war zu einer Welt der Verpflichtungen und nicht der Freude geworden, weil ich alles, was ich tat, für ein flüchtiges Lob tat und nicht aus meiner Liebe zu anderen heraus.

Paulus schreibt in Epheser 1,4–6 (Gute Nachricht; Hervorhebung des Autors):

Schon bevor er die Welt erschuf, hat er uns vor Augen gehabt als Menschen, die zu Christus gehören; in ihm hat er uns dazu erwählt, dass wir heilig und fehlerlos vor ihm stehen. Aus Liebe hat er uns dazu bestimmt, seine Söhne und Töchter zu werden – *durch Jesus Christus und im Blick auf ihn. Das war sein Wille und so gefiel es ihm, damit der Lobpreis seiner Herrlichkeit erklingt: der Lobpreis der Gnade, die er uns erwiesen hat durch Jesus Christus, seinen geliebten Sohn.*

Verwandlung bedeutet, „heilig und fehlerlos vor ihm [zu] stehen". Dies ist die „doppelte" Sehnsucht aller Menschen, die zu allen Zeiten Jesus nachgefolgt sind. Doch dieser Prozess vollzieht sich nicht, wenn wir uns „nur richtig anstrengen", sondern wenn wir in dem Bewusstsein leben, dass wir zutiefst von Gott geliebt sind. Dies ist die Wurzel, die blühendes Leben hervorbringt, das wiederum einem fortwährenden Veränderungsprozess unterliegt.

In keiner anderen Religion gibt es das Konzept einer (göttlichen) Liebe, die von unserem Verhalten unabhängig ist. Wie der bekannte Autor Philip Yancey treffend schreibt: „Der achtfache Pfad der Buddhisten, die Lehre der Hindus vom Karma, der jüdische Bundesgedanke und die moslemische Gesetzesordnung – sie alle stellen einen Weg dar, wie man sich Anerkennung verdienen kann. Allein das Christentum wagt es zu erklären, dass Gottes Liebe bedingungslos ist."[7]

Mein Unterricht im Hören auf die liebende Stimme Jesu begann, als ich Dallas Willard im Kloster meine Geschichte erzählte. Nachdem er mir teilnahmsvoll zugehört hatte, sagte er: „Steve, ich möchte dich darum bitten, dass du dich dazu verpflichtest, in den nächsten zwei Jahren ausschließlich die Aussagen Jesu zu lesen – das, was in der ‚King James'-Bibel rot gedruckt ist. Außerdem möchte ich dich bitten, nur über die Worte Jesu zu predigen. Nicht über Paulus. Nicht über Petrus. Nicht über David, Mose oder einen anderen Propheten. Ausschließlich über Jesus."

Normalerweise hätte ich bei einer solchen Bitte Einwände gehabt. Schließlich ist die *gesamte* Bibel Gottes Wort. Doch dies war nicht der richtige Zeitpunkt für eine Diskussion. Wenn man gebrochen ist, ist man gebrochen. Ich tat, wozu man mich ermutigt hatte.

Ich kaufte mir eine Bibelausgabe, in der die Aussagen Jesu rot gedruckt sind, und wie sich herausstellte, war dies eine der besten Investitionen, die ich je für meine „innere Welt" getätigt hatte. Zwei Jahre lang las ich einfach nur das, was Jesus gesagt hat. Ich fing bei Matthäus an und lauschte, wie aus den roten Konsonanten und Vokalen Worte wurden – Worte des Lebens. Als ich las, wie Jesus sich über die freute, die er liebte, empfand auch ich eine überschwängliche Freude.[8] Als ich im 4. Kapitel des Markusevangeliums von den Jüngern las, die im sturmgepeitschten Boot saßen, hatte ich das Gefühl, dass Jesus mein sturmgepeitschtes, sinkendes Boot betrat und *bei mir* blieb. Ein kurzer Satz wurde zu meinem schlichten Gebet: „Jesus, sei bei mir im Boot." Ich nahm Gott und gleichzeitig mich selbst bewusster wahr und fühlte mich dadurch lebendiger als je zuvor.

Und so gehörte es zu den kostbarsten Geschenken, die ich während meiner Zeit im Kloster erhielt, dass ich lernte, auf die Stimme Jesu zu hören. „Lazarus, komm heraus!" Lazarus hörte die Worte und der Tote wurde verwandelt. „Steve, komm heraus!" Ich hörte die Worte und machte mich auf den Weg der Veränderung.

Ich war genau wie Lazarus tot, doch als ich auf die Stimme Jesu hörte, erwachte meine Seele allmählich zum Leben. Ich bekam dabei weder vernichtende Kritik noch Zorn oder Schmähungen zu hören. Ich vernahm eine Einladung. Die Einladung, so zu werden, wie er mich ursprünglich erschaffen hatte. Meine zahlreichen falschen Ichs mussten im Grab bleiben. Es war mein wahres Ich, das Jesus zutiefst liebte. Es war mein wahres Ich, das leben musste. So wie Ihres vielleicht auch.

Die Stimme der Liebe erkennen

Hören wir in unseren christlichen Kreisen die Stimme Gottes? Wenn nicht, werden wir Woche für Woche, Monat für Monat, Jahr für Jahr in unseren Kirchenbänken sitzen und auf ein liebevolles Wort warten – irgendein Wort, das uns lebendig macht. Wir werden uns mit einem falschen Glauben begnügen, der sagt: „Das ist es also. Dies ist das Leben, von dem Jesus gesprochen hat." Vielleicht haben wir ja wirklich etwas verpasst. Ich denke, auf viele von uns trifft das zu.

Der heilige Antonius wurde einmal gefragt, wie er zwischen Engeln im schlichten Gewand und Teufeln in herrlicher Verkleidung unterscheiden könne. Er antwortete, er merke das an seinem Befinden, nachdem sie gegangen seien. Wenn ein Engel bei ihm gewesen sei, fühle er sich durch dessen Gegenwart gestärkt. Wenn es ein Teufel gewesen sei, spüre er Entsetzen. Wie wäre es, wenn wir diesen Test auf die Stimmen anwendeten, die wir heute von unseren Kanzeln und in Gottesdiensten, in Kursen und Seminaren hören?

Meine Frau und ich besuchten kürzlich einen Gottesdienst, der uns von Freunden sehr empfohlen worden war. Wir sollten diese Gemeinde unbedingt besuchen, weil der Prediger die erstaunliche Gabe habe, „den Himmel herabzupredigen". Da ich mir immer gerne eine gute Predigt und gute Lehre anhöre, gingen wir also dorthin. Doch wir hörten Gericht – nicht Leben. Wir fühlten uns beschämt, nicht angenommen. Wir verließen das Gebäude bedrückt, und es schmerzte uns zutiefst, wenn wir an die Menschen dachten, die gewaltige, ohrenbetäubende, marktschreierische, Schuldgefühle verursachende Worte mit der liebevollen Stimme Gottes gleichgesetzt hatten.

Unmittelbar bevor der Evangelist Johannes uns von der Auferweckung des Lazarus erzählt, berichtet er, was Jesus über das Hören auf seine Stimme sagte – der Stimme des Guten Hirten:

[…] die Schafe hören *seine Stimme und kommen zu ihm.* Er ruft seine Schafe, die ihm gehören, beim Namen *und führt sie hinaus. Wenn er seine Herde versammelt hat, geht er vor ihnen her, und die Schafe folgen ihm,* weil sie seine Stimme kennen. *Einem Fremden aber folgen sie nicht, sondern laufen vor ihm weg, weil sie seine Stimme nicht kennen* (Johannes 10,3–5; Hervorhebung des Autors).

Jesus drückt sich hier einfach und klar aus. Wir können seine Stimme daran erkennen, dass sie die Stimme der Liebe ist, die uns Leben einhaucht. Andere Stimmen mögen sich zwar als die Stimme Jesu ausgeben, doch wenn sie nicht lebendig machen, sind sie nicht Gottes Stimme. Wenn Jesus mit uns spricht, dann führt uns das aus dem Grab heraus ins Leben. Mit der Zeit lernen wir die Stimme Jesu immer besser kennen, und es fällt uns leichter zu erkennen, wann er spricht. So machen wir immer häufiger die Erfahrung, dass uns schon allein das Hören auf die liebevolle Stimme wirkliches Leben schenkt.

Das Bild des Hirten hilft uns zu verstehen, was Gott für uns empfindet. Doch diese neue Lehre brachte schon damals viele Menschen aus der Fassung und sie sagten: „Warum hört ihr auf einen solchen Mann?" (Johannes 10,20). In jeder Generation stellen Menschen diese Frage: „Warum hört ihr Jesus zu? Warum nicht anderen Persönlichkeiten? Was ist denn so anders an dem, was Jesus sagt?"

Wann haben Sie eigentlich zuletzt ein Seminar zum Thema „Auf Jesu Stimme hören" besucht? Kurse sind darauf zugeschnitten, dass wir einem Lehrer zuhören. Predigten werden geschrieben und gehalten, damit wir dem Prediger zuhören. Es herrscht kein Mangel an gewichtigen, charismatischen und einflussreichen Stimmen, die um unsere Aufmerksamkeit buhlen. Doch letzten Endes können alle diese Redner – ob Prediger oder Politiker – doch nur mit Stimmen sprechen, die ebenso horizontal, flach und rein menschlich sind wie unsere eigene. Menschliche Worte, denen die vertikale Inspiration von Gottes Einfluss fehlt, können einfach keine Veränderung bewirken. Menschen können uns raten, motivieren und uns ihre Vision vor Augen malen, doch ihre Worte allein werden keinen Veränderungsprozess in Gang setzen, der von Dauer ist. Wir müssen von Gott hören.

Hören heißt wahrnehmen

Ich kann vielleicht nicht richtig beten.
Aber ich kann aufmerksam zuhören.
Mary Oliver

Lukas berichtet, dass Jesus eines Tages zusammen mit seinen drei Wandergefährten Petrus, Jakobus und Johannes (derselbe Johannes, der über Lazarus geschrieben hat) durch die Berge wanderte. Als sie den Gipfel erreicht hatten, beschloss Gott, den anderen deutlich zu machen, dass Jesus über Mose und Elia stand: „Aus der Wolke drang eine Stimme: ‚Dies ist mein Sohn, mein Auserwählter. *Hört* auf ihn'" (Lukas 9,35; Hervorhebung des Autors).

Als Gott am Anfang der Zeit sprach, entstanden die Welt und das Leben darauf. Als Jesus zu Lazarus sprach, wurde dieser wieder lebendig. Kein Wunder, dass es Gott so wichtig ist, dass wir auf Jesus hören. Als andere sich von Jesus abwandten, fragte Petrus einmal: „Herr, zu wem sollten wir gehen? Nur du hast Worte, die ewiges Leben schenken" (Johannes 6,68). Diese Erkenntnis lädt uns ein, uns von den Worten Jesu Leben einhauchen zu lassen – ganz gleich, wie es um uns bestellt ist.

Was bedeutet es im Alltag, auf Gottes Stimme der Liebe zu hören? Gwen und ich greifen oft auf eine Episode aus dem Leben von Mose zurück (2. Mose 3,1–6), um anderen zu helfen, die Stimme Gottes aus den vielen anderen

Stimmen herauszuhören, die um unsere Aufmerksamkeit buhlen.

An einem ganz gewöhnlichen Tag führt Mose die Schafherde seines Schwiegervaters zur Rückseite des Horeb, des Gottesberges. Und da *bemerkt* er etwas: einen brennenden Busch, der nicht von den Flammen verzehrt wird. Als er dieses Phänomen genauer untersuchen will, geschieht etwas Bemerkenswertes: Gott spricht. Sehen wir uns das einmal genauer an. Wir lesen: „Mose sah, dass der Busch zwar in Flammen stand, aber nicht verbrannte. ‚Das ist ja seltsam‘, sagte er zu sich selbst. ‚Warum verbrennt dieser Busch nicht? Das muss ich mir näher ansehen‘" (2. Mose 3,2–3).

Wäre Mose der brennende Dornbusch nicht aufgefallen, hätte er die vielleicht bedeutendste Gottesoffenbarung in der Geschichte des Judentums verpasst. Gott wartete darauf, dass Mose mehr als nur den Busch sah und sich auf das Geheimnisvolle einließ, das gleich geschehen sollte. All dies geschah, weil Mose etwas bemerkt hatte. Als er sich neugierig dem Busch näherte, offenbarte Gott ihm seinen Namen – noch nie zuvor hatte jemand den Namen Gottes gehört oder gekannt.[9]

Als Mose den Busch bemerkte, galt seine Aufmerksamkeit auch nicht länger den blökenden Schafen und wiederkäuenden Kühen, sondern dem Heiligen. Selbst der Boden fühlte sich verändert an. Der Dichter und Schriftsteller David Whyte erinnert uns daran, dass Mose bei diesem Erlebnis nicht nur die Augen geöffnet wurden; es ging um mehr:

Es ist Mose in der Wüste
auf Knien vor dem brennenden Busch.
Es ist der Mann, der seine Schuhe fortwirft,
als wollte er in den Himmel,
und merkt erstaunt,
endlich offen,
dass er sich in den festen Grund verliebt hat.[10]

Wenn wir bewusst auf die Menschen und Dinge in unserer Umgebung achten, bemerken wir Sachen, die uns nie zuvor aufgefallen sind. Jesus ermahnte uns, mit offenen Augen durch die Welt zu gehen, als er uns dazu aufforderte, auf die Vögel zu achten und die Blumen zu betrachten (Matthäus 6,25–34): Die Schönheit einer Wildblume erzählt von der selbstverständlichen Zuwendung, die Gott uns zuteilwerden lassen möchte. Ein Eisvogel, der auf einem goldenen Pappelast landet, erzählt von der liebenden Treue Gottes. Martin Luther hat einmal im Hinblick auf diese Bibelstelle gesagt, dass es im Leben eines Christen Zeiten gibt, in denen „das geringste Blümlein, welches das Vieh mit Füßen tritt, unser Lehrmeister werden soll"[11].

Wir werden die Vögel oder Blumen um uns her aber nicht wahrnehmen, wenn wir uns der Betriebsamkeit unserer Kultur beugen. Mit anderen Worten: Wenn wir zu schnell unterwegs sind, können wir die Stimme der Liebe nicht hören. Wir verbreiten Informationen über Gott, anstatt Menschen dazu einzuladen, Gott zu erfahren. Wir spezialisieren uns auf Tipps und Techniken, anstatt es den Menschen zu ermöglichen, das Geheimnis der Gegenwart Gottes zu schmecken. Wir werden zugedröhnt und angepredigt, statt dass jemand die Einladung ausspricht: „Schmecke und sieh, dass der Herr gut ist" (Psalm 34,9). Unsere Geschäftigkeit betäubt die Herzen[12] und unsere Anbetung fühlt sich leer oder irgendwie fremdgesteuert an und nicht vom Geist geleitet. Wenn dies der Fall ist, stehen wir schon mit mehr als nur einem Bein im Grab.

Was wäre, wenn Kleingruppentreffen, zwanglose Gespräche und gemeinsame Mahlzeiten Gelegenheiten wären, um sich darüber auszutauschen, was einem in der vergangenen Woche an Gott „aufgefallen" ist? Eine hervorragende Frage für beinahe jegliche Art von Zusammenkunft lautet: „Wie habt ihr in der vergangenen Woche Gottes Liebe erfahren? Was hat Gott euch in letzter Zeit klargemacht?"

Die uralten geistlichen Übungen können uns ebenfalls helfen, still zu werden und mit uns allein zu sein. In der Stille wird aus unserer Einsamkeit wahres Alleinsein, und wir spüren, dass wir nicht länger vor uns selbst davonlaufen wollen, sondern unseren Frieden mit uns selbst und Gott geschlossen haben.

Ich persönlich lerne, mir von Gott sagen zu lassen, was ich von meinem Vater nicht zu hören bekam. Gott gebraucht auch die liebevollen Stimmen anderer Menschen, um uns seine Liebe zuzusprechen. Lehrer, Trainer, Mentoren, Eltern, Großeltern, Freunde und Ehepartner – sie alle können in der Sprache der „Stimme der Liebe" sprechen. Tatsächlich müssen wir viele Stimmen hören, die alle die gleiche wohltuende Sprache sprechen, damit wir den Weg aus dem Grab heraus finden. Gott gebrauchte zum Beispiel meinen Sohn Blake, um mir die Augen für meine Geschäftigkeit zu öffnen, und einen Freund, der mir von dem Kloster in Kalifornien erzählte und sagte: „Steve, es gibt da etwas, das du tun solltest, und zwar bald."

Es ist wichtig, Jesu Stimme in gewöhnlichen Alltagssituationen zu erkennen, damit wir unterscheiden können, wann uns jemand wahrhaft liebevoll zurechtweist oder bestätigt oder aber zu Unrecht verurteilt und lähmt. Darüber hinaus müssen wir kreativ werden und Wege finden, wie wir einander Worte der Wahrheit und Liebe zusprechen können, die uns auf unserem Weg ermutigen. Und schließlich müssen wir uns immer wieder an Jesus wenden, denn nur von ihm hören wir, wer wir wirklich sind.

Beim Namen gerufen

Halten Sie einen Moment inne, und überlegen Sie, was Jesus wohl über Sie denken mag. Stellen Sie sich vor, Sie wandern in einer Menschenmenge hinter Jesus her, und plötzlich bedeutet Jesus Ihnen, vorzutreten und ein Stück mit ihm allein zu gehen. Vielleicht können Sie es zunächst gar nicht glauben, dass Jesus ausgerechnet Sie aus der Menge auswählt und zu sich ruft. Doch Jesus macht unmissverständlich klar, dass er Ihre Gesellschaft möchte. Was hören Sie ihn wohl sagen, während Sie auf ihn zugehen?

Meiner Erfahrung nach ist vielen Menschen bei dieser Übung etwas unwohl zumute. Wenn wir zu beschreiben versuchen, was Jesus zu uns ganz persönlich sagen könnte, fallen uns liebevolle Worte zumeist als Allerletztes ein. Viele sagen, Jesus sei enttäuscht, wenn er an sie denke. Eine Frau erklärte mir einmal: „Jesus würde überhaupt nicht mit mir reden wollen, weil ich während des Studiums eine Abtreibung hatte. Jetzt schäme ich mich ungeheuer dafür, und ich weiß genau, auch Jesus will, dass ich wegen meiner Tat ständig ein schlechtes Gewissen habe."

David Benner erinnert uns: „Es spielt keine Rolle, welches Gottesbild Sie sich im Laufe Ihres Lebens aufgrund Ihrer Erfahrungen angeeignet haben. Wenn Gott an Sie denkt, dann wird ihm vor Liebe ganz warm ums Herz, und auf seinem Gesicht breitet sich ein Lächeln aus."[13] Glauben Sie das? Sind Sie bereit, der Stimme der Liebe zu antworten, die Sie beim Namen ruft?

Stellen Sie sich vor, Sie befinden sich in einem Grab, aus dem es kein Entrinnen gibt, eingeschlossen von Mauern. Doch plötzlich hören Sie eine Stimme, die Sie herausruft. Eine Kraft von außerhalb der Grabmauern fordert Sie auf, das Grab zu verlassen und mutig dem entgegenzugehen, was vor Ihnen liegt.

Johannes berichtet, dass Jesus weinte (11,35) und zutiefst erschüttert war (11,38), als er seinen Freund in einem Grab wusste, wo er ihn nicht in den Arm nehmen konnte. Also ging er auf das Grab zu und rief seinen geliebten Freund ganz unverhohlen beim Namen.

Laut.

Mutig.

Edelmütig.

Die Stimme der Liebe überwand das Grab, sodass es Lazarus nicht länger gefangen halten konnte. Der Freund, den Jesus liebte, hatte alle Hoffnung verloren. Doch die Stimme der Liebe erinnerte die Menschenmenge an jenem Tag daran, dass das Ende niemals wirklich das Ende ist, wenn Jesus erscheint.

Kapitel 5

Geistliche Umgestaltung
Eine stinkende Angelegenheit

„Herr, inzwischen wird der Gestank schrecklich sein,
denn er ist schon seit vier Tagen tot."
Johannes 11,39

- Der Verwandlungsprozess ist manchmal eine
  stinkende Angelegenheit.
- Da viele das nicht wissen, lehnen sie einen Menschen,
  der sich gerade mitten in einem Verwandlungsprozess
  befindet, bewusst oder unbewusst ab.
- Wahre Veränderung vollzieht sich da, wo wir Gott
  den Gestank unserer Schuld und Scham zumuten.
- Selbst wenn sich andere von uns abwenden, hält
  Jesus zu uns.

Jesus war also endlich gekommen. Jesus sprach. Maria und Marta, die gewartet und gebetet und gebangt hatten, durften darauf hoffen, ihren Bruder wieder im Arm halten zu können. Doch als Jesus das Grab öffnen lassen wollte, kamen Marta Bedenken: „Herr, inzwischen wird der Gestank schrecklich sein, denn er ist schon seit vier Tagen tot" (Johannes 11,39). Sie wusste genau wie wir: Totes stinkt. Sie sehnte sich zwar nach einer Veränderung der Situation, aber so, wie sie sich das vorgestellt hatte.

Uns geht es wie Marta: Wenn wir erkennen, dass sich etwas verändern muss und auch tatsächlich verändern könnte, dann soll es möglichst schnell und sauber über die Bühne gehen. Doch eine tiefgreifende Veränderung vollzieht sich selten schnell und sauber. Die Geschichte von Lazarus ist eine ungeschönte Erinnerung daran.

Viele Künstler, die zum Pinsel griffen, haben die stinkende Seite von Lazarus' Verwandlung dargestellt. Nehmen Sie sich einen Moment Zeit und betrachten Sie den Giotto-Druck auf der beiliegenden Karte bzw. auf der in Kapitel 1 angegebenen Internetseite. Sehen Sie die verschleierten Frauen, die in der Nähe des Grabeingangs stehen und sich die Tücher vors Gesicht halten? Und was ist mit den anderen, die ganz dicht an der Auferstehung dran sind, sich dann aber lieber von ihren Plätzen in der ersten Reihe zurückziehen? Es war einfach zu viel. Schließlich kam bei der Öffnung des Grabes das unansehnliche Ergebnis von vier Tagen Verwesung zum Vorschein. Wir denken nicht gerne über die wahren Umstände von Lazarus' Verwandlung nach. Doch täuschen Sie sich nicht. Giotto und andere Maler verschiedener Epochen haben ebenfalls intuitiv erkannt: Umgestaltung ist manchmal eine stinkende Angelegenheit.

Wenn wir unseren Gräbern entsteigen, geht von uns ebenfalls ein übler Geruch aus; so ist das immer zunächst einmal, wenn wir uns unseren Lebensumständen und Seelenerkrankungen stellen. Doch was da stinkend zum Vorschein kommt, stößt Außenstehende häufig ab, was dazu führt, dass wir uns verlassen und abgelehnt fühlen. Die Ablehnung trifft uns auch deshalb so tief, weil wir eben noch so überglücklich waren, von der Stimme der Liebe aus dem Grab herausgerufen worden zu sein. Man vergisst leicht, dass Gottes Ruf der wunderbare Anfang eines lebenslangen Veränderungsprozesses ist, der Anfang des lebenslangen Hörens auf seine Stimme der Liebe, die uns von einer bestimmten Schuld, Scham oder einem belastenden Lebensumstand befreit. Es mag sein, dass uns gewisse Dinge in diesem Leben tatsächlich nie mehr zum Fallstrick werden, und mit Sicherheit werden wir auf unserer geistlichen Reise eine Menge „Aha-Momente" erleben, aber welchen Verlauf unsere Umgestaltung exakt nimmt, lässt sich nicht vorhersagen.

Die Leiche von Lazarus stinkt nach Grab, nach seinem tatsächlichen Grab – und der Gestank erinnert uns daran, dass Gott jeden Menschen zu jeder Zeit und in jeder Lage verändern kann! Wenn wir doch diese Hoffnung haben, wieso vergessen wir dann gerne, dass im Laufe des Verwandlungsprozesses üble Gerüche auftreten können?

Zur geistlichen Umgestaltung gehört das Sterben: Unser „Selbst-Leben", unsere Vergangenheit und auch die Träume, die wir einmal losgelöst von Gott geträumt haben, müssen sterben. Doch wir lassen uns von dem Gestank, der damit einhergeht, nicht entmutigen und halten durch, weil wir wissen, dass nach dem Tod die Auferstehung folgt.

Ein unschöner Prozess

Mein Freund Thomas arbeitete eine Zeitlang in der Hausverwaltung eines Apartmentblocks. Eines Tages setzten seine Kollegen ihn vor einem frei gewordenen Apartment ab, das wieder vermietet werden sollte. Sein Chef wies ihn an:

„Sorg einfach dafür, dass der Gestank verschwindet. Wir holen dich in fünf Stunden wieder ab."

Die Wohnung war das Zuhause von zahlreichen Katzen und fünf Hunden gewesen und obendrein waren hier etliche Drogenpartys gefeiert worden. Die Mieter waren letzten Endes zur Räumung gezwungen worden, nachdem ihnen Gas, Wasser und Strom abgedreht worden waren, und ganz offensichtlich hatten sie die Wohnung nur widerwillig geräumt. Davon zeugten der Müll in den Räumen, die dreckige Wäsche, die Löcher in den Wänden, der Hundekot auf dem Teppich, die Urinflecken auf den Holzdielen.

Thomas brauchte zwei Stunden, um sich bis zur Küche vorzuarbeiten. Er säuberte die Spüle, schmiss die Lebensmittelpackungen, die noch in den Schränken standen, in den Müll, öffnete den Kühlschrank – und musste sich beinahe übergeben, als ihm ein entsetzlicher, fauliger Gestank in die Nase stieg. Die Mieter hatten Lebensmittel im Kühlschrank gelassen, und als der Strom abgestellt worden war, hatten diese wochenlang vor sich hin gegammelt.

Thomas ging vor die Tür, um frische Luft zu schnappen. Um sich buchstäblich zu verschnaufen. Danach ging er wieder hinein, nahm einen Pack Lebensmittel aus dem Kühlschrank und schmiss ihn in einen Müllsack. Dann Tür zu und noch einmal verschnaufen. Der Gestank war so schlimm, dass er ihn nicht länger als zwei Minuten ertrug. Beim nächsten Mal fiel ihm das Atmen schon ein wenig leichter und Stück für Stück holte er all die ekelerregenden vergammelten Lebensmittel aus dem Kühlschrank. Schließlich sprühte er die Regale mit Reiniger ein, wischte alles noch einmal aus und klemmte etwas in die Kühlschranktür, damit dieser auslüften konnte.

Genauso verhält es sich mit der Umgestaltung eines Menschen. Wir müssen alles Übelriechende loswerden und uns nach und nach verändern. (In Kapitel 7 werden wir uns damit befassen, wie man Stinkendes konkret loswird.) Es hilft nichts, den Gestank dessen, was in unserem Leben schiefgelaufen ist, ignorieren zu wollen; uns wird nur schlecht davon.

Als Seelsorger hatte ich die Gelegenheit, eine Frau kennenzulernen, die als Missionarin in Afrika arbeitete. Sie erzählte mir, dass ihr Großvater sie im Alter von vier bis acht Jahren sexuell missbraucht hatte. Jahrelang hatte sie die Erinnerungen daran vergraben und unterdrückt und gehofft, dieses Kapitel gehöre der Vergangenheit an. Doch sie war noch nicht lange verheiratet, als unter dem Stress von kleinen Kindern und dem Leben in einer fremden Kultur die Vergangenheit wieder hochkam und mit ihr der Gestank. Die Frau wurde regelrecht davon überrollt und fühlte sich erneut wie ein wehrloses Opfer.

Bei ihrer Missionsgesellschaft war dieses Thema vor ihrer Aussendung nicht zur Sprache gekommen. Sie hatte niemandem davon erzählt. Ihre aussendende Gemeinde wusste auch nichts von dieser Angelegenheit. Jahrzehntelang schleppte sie insgeheim den üblen, fauligen Gestank sexuellen Missbrauchs mit sich herum. Der Gestank vergiftete ihre Ehe und ihre Seele.

Sie sagte mir: „Ich muss mit jemandem darüber reden. Können Sie mir helfen?" Stundenlang rollten wir ihre Geschichte Kapitel für Kapitel auf. Gemeinsam arbeiteten wir daran, den fauligen Gestank ihres Missbrauchs loszuwerden. Sie spürte Gottes Heilung und die Kraft der Auferstehung belebte sie und ihre Ehe wieder neu. Der Gestank würde nicht für immer an ihr hängen bleiben. Doch es gab nichts, was das stundenlange Aufarbeiten dieser schmerzhaften Erfahrungen hätte ersetzen können; wir mussten den Schmutz in der Wohnung ihres Lebens Regal für Regal beseitigen. Doch weil sie Ja zum Umgestaltungsprozess gesagt hat, ist sie heute eine stärkere Frau, und lebendiger als je zuvor geht sie Jesus entgegen.

Nach der Quelle forschen

Vielleicht haben Sie schon einmal „Old Faithful" im Yellowstone-Nationalpark gesehen. Ungefähr einmal in der Stunde speit dieser Geysir infolge eines unterirdischen Druckaufbaus Wasser und Dampf hoch in die Luft. Unter der Erdoberfläche, für das Auge nicht sichtbar, befindet sich ein natürliches Kanalsystem, das sich das Wasser im weichen Stein gebahnt hat. Kommt man an „Old Faithful" vorbei, wenn er gerade einmal nicht speit und spuckt, würde man nicht vermuten, dass sich unter der Erdoberfläche Zehntausende Liter kochend heißes Wasser befinden. Man sähe schlicht ein Loch im Boden.

Dies ist ein hilfreiches Bild für die Schuld und den Schmerz in unserem Leben, die ebenfalls regelmäßig „ausbrechen". Solange wir nicht unter die Oberfläche sehen, werden wir uns damit begnügen, das austretende Wasser zu kontrollieren, um den Schaden zu begrenzen; erinnern Sie sich noch an den Ausdruck „Sünden-Management" von Dallas Willard? Für eine tatsächliche Veränderung müssen wir jedoch die verborgenen Kanäle zu den riesigen Reservoirs zurückverfolgen, in denen sich schon seit Jahren Wasser angesammelt hat. Erst dann können wir etwas gegen den Ursprung der Ausbrüche unternehmen.

Wer beispielsweise lernen möchte, seinen Zorn zu kontrollieren, muss mehr tun, als bis zehn zu zählen und zu versuchen, nicht an das zu denken, was ihn oder sie zornig macht. Man muss dem ungesunden Ärger auf die Spur kommen, indem man sorgsam und gründlich nach dessen Ursachen forscht: *Was will ich eigentlich, wenn ich in Wut ausbreche? Wie könnte ich meine Gefühle akzeptieren, ohne sie an einem anderen auszulassen? Worüber bin ich eigentlich zornig, ohne es auszusprechen? Wonach sehne ich mich?* Finden Sie das Reservoir, und Sie wissen, wo Sie ansetzen müssen, wenn Sie sich dauerhaft verändern möchten. Gier, Esssucht,

Selbstsucht, Alkoholabhängigkeit und Co. – überall findet sich ein ähnliches Muster: Etwas, das den Augen verborgen ist, lässt uns wieder und wieder in dieselben Gewohnheiten zurückfallen.

Jason rief mich eines Tages aus einem anderen Bundesstaat an und erzählte mir, dass er in Schwierigkeiten steckte. Er fragte, ob er für ein paar Tage kommen könnte. Ich erfuhr, dass er zumindest auf emotionaler Ebene eine Affäre mit einer seiner Mitarbeiterinnen hatte. Seine Ehe lief auf Sparflamme, und diese neue Beziehung versprach eine Liebe, wie er sie sich immer gewünscht hatte. Er war kurz davor, seine Frau und seine Kinder zu verlassen.

In stundenlangen Gesprächen kam heraus, dass diese Frau Jason liebevolle Worte, Versprechungen und eine Fluchtmöglichkeit bot. Und das war genau das, was er wollte. Doch die Geschichte flog auf und sprach sich zu Hause, in der Gemeinde und im Büro herum. Gemetzel. Chaos. Gestank.

Jason steht nun vor der Aufgabe, sich auf den langen Weg zurück in seine Vergangenheit zu begeben, um besser zu verstehen, wo er selbst als Heranwachsender Verletzungen erlitten hat. Heute bedauert er sehr, dass er die Zuneigung, die er in dieser Affäre bekam, zum Ersatz für die bedingungslose Liebe gemacht hat, die er in Wahrheit die ganze Zeit über suchte. Jason tut genau das, was Paulus in 2. Korinther 7, Verse 9 und 11, beschreibt:

Nun bin ich froh, dass ich ihn geschickt habe, nicht weil er euch verletzt hat, sondern weil der Schmerz euch veranlasst hat, euer Verhalten zu bereuen und euch zu ändern. Dieser Schmerz entspricht Gottes Willen; wir haben euch also in keiner Weise geschadet. […]

Seht doch selbst, was diese Traurigkeit von Gott in euch bewirkt hat! Welcher Ernst, welches Bemühen, euer Verhalten zu erklären, welche Empörung, welche Besorgnis, welche

Sehnsucht, mich zu sehen, welche Begeisterung und welche Entschlossenheit [...]! Ihr habt gezeigt, dass ihr zu allem bereit wart, um die Sache in Ordnung zu bringen.

Paulus beschreibt hier einen Umgestaltungsprozess. Dieser beginnt häufig mit irgendeiner Form von „Erschütterung", bei der sich zeigt, wie sehr wir stinken. Doch achten Sie einmal darauf, was laut Paulus alles geschieht, wenn wir „zum Umdenken" gebracht werden. Wir werden lebendiger, umsichtiger, insgesamt also mehr so, wie wir wirklich sein möchten. Es ist wichtig, uns das beim Erleben einer Erschütterung bewusst zu machen. Es ist nicht das Ende. Es ist der Anfang der Umgestaltung und diese wird sich unser Leben lang fortsetzen.

So unschön und schmerzhaft diese erschütternde Erfahrung auch war, sie trug dazu bei, die Richtung zu ändern, die Jasons Leben genommen hatte. Jetzt befindet er sich auf dem Weg zu tatsächlicher Veränderung. Jason möchte die Worte von Paulus für sich in Anspruch nehmen.

Dann das Säubern

Meine erste Pastorenstelle trat ich in einer Gemeinde an, die sich in der herrlichen Hügellandschaft von Kentucky befand. Die Menschen dort liebten das wunderbare Ackerland mit seinem Reichtum an Strömen und Flüssen. Eines Samtagnachmittags nahm mich ein weiser älterer Mann aus dem Gemeindevorstand zum Angeln mit. Ich war jung, immer noch auf der Hochschule und offensichtlich ein Grünschnabel. Der Älteste wollte mir ein paar Dinge über das Pastorensein mit auf den Weg geben. Dieser Angelausflug sollte für mich das Klassenzimmer sein.

Als wir so am Ufer des Kentucky Lake saßen, sagte der Älteste etwas zu mir, das ich nie vergessen habe.

„Steve", meinte er, „Predigen ist wie Angeln. Erst fängst du sie. Dann säuberst du sie."

Das leuchtete mir sofort ein. Es klang so einfach. Heute, Jahre später, möchte ich diesen Lehrsatz zwar nicht infrage stellen, doch ich denke, dass er die Sache etwas zu simpel darstellt. Ja, man fängt sie tatsächlich zuerst. Aber das Säubern? Das ist alles andere als einfach. Es dauert ein Leben lang. Das sehe ich sowohl bei mir selbst als auch bei anderen.

Ich kann mich noch an eine Begebenheit erinnern, wo es mich besonders überraschte, wie zäh und stinkend meine eigene Umgestaltung vor sich ging. Anlässlich meines vierzigsten Geburtstags hatte meine Frau eine große Party organisiert. Es war ein schönes Beisammensein mit gutem Essen, Spaß und Spiel. Nach der Feier trat ich an mein Bücherregal und zog meine alten Tagebücher heraus. Als ich auf dem College Christ geworden war, hatte man mich dazu ermutigt, Tagebuch zu führen – wie eine Art laufende Memoiren. Diese abgegriffenen Spiralbüchlein enthielten meine ganz persönlichen Psalmen, durch die ich oft zu Gott geschrien hatte, mich doch zu verändern.

Was ich an jenem Abend vor meinem Aufbruch ins nächste Lebensjahrzehnt las, traf mich völlig unvorbereitet. Beim Überfliegen der Seiten erkannte ich, dass viele der Dinge, die mir schon auf dem College zu schaffen gemacht hatten, mich zwanzig Jahre später immer noch stark beschäftigten. Seither hatte ich zwar viele Anstrengungen unternommen, mich zu verändern. Doch trotz der zahllosen Bücher, die ich gelesen, trotz der vielen Seminare, an denen ich teilgenommen, der Unmengen an Predigten, die ich gehört, und der Kleingruppen, an denen ich teilgenommen hatte, fand ich immer noch dunkle Ecken in meiner Seele, die von Jesus verändert werden mussten. Es stimmte mich traurig und wurmte mich, dass ich nach der Hälfte meiner geistlichen Reise immer noch veränderungsbedürftig war.

Es ist eine Sache, Christ zu *werden*. Die größere Herausforderung besteht darin, Christ zu *sein*. Christ zu sein heißt, sich in einem beständigen Umgestaltungsprozess zu befinden. Wir haben keine Möglichkeit, aus diesem Prozess auszusteigen. Wenn wir aufhören, uns zu verändern, sind wir geistlich gesehen tot. Wenn wir aufhören, uns zu verändern, sind wir am Ende. Erledigt. Im geistlichen Bereich unseres Lebens werden wir fortwährend umgestaltet. Das Säubern dauert ein Leben lang an.

Sie und ich verändern uns langsam in das Bild, das Gott schon immer von uns hatte. Eines Tages werden uns die Wirren des irdischen Lebens nichts mehr anhaben können. Die Geschichte von Lazarus erinnert uns daran, dass wir, um als Christen zu leben, einer fortwährenden Umgestaltung bedürfen.

Heute überrascht mich diese Tatsache nicht mehr. Wenn ich mir darüber im Klaren bin, wie chaotisch mein geistliches Leben sein kann, wird mir auch bewusst, wie sehr ich Jesus brauche. Nur dann kann ich auch darauf achten, wie er mich zu seiner Ehre verändern möchte.

Ein geschützter Raum

Vielleicht erleben so wenige von uns tatsächlich Veränderung, weil wir uns nicht sicher genug fühlen, um gerade in den Bereichen unseres Lebens, die am stärksten stinken, eine Seelenreinigung durchzuführen. Wenn die Verfasser des Neuen Testaments von persönlicher Schuld sprechen, dann benennen sie diese in der Regel eindeutig.[1] Wir dagegen sprechen gerne von Schuld, ohne die Dinge, die uns in Schwierigkeiten bringen, konkret beim Namen zu nennen. Wenn wir nur schwammig über das sprechen, was konkret an uns verändert werden muss, besteht die Gefahr, dass uns bald nicht mehr klar ist, warum wir eigentlich so dringend Veränderung brauchen. Wenn wir keinen geschützten Raum haben, in dem wir über diese speziellen Schwierigkeiten sprechen können, werden wir keine wahre Veränderung erleben.

Bill hatte, wie die meisten von uns, sein Leben lang vor allem mit einem ganz bestimmten Fehlverhalten zu kämpfen. Doch obwohl er viele Jahre Mitglied in Kleingruppen gewesen war und viele Bekannte hatte, wusste niemand so genau, was eigentlich sein Problem war. Er bat seine Freunde zwar um Fürbitte, erklärte aber nie genau, wofür sie beten sollten. Er brachte einfach nicht den Mut auf, sich anderen Menschen anzuvertrauen. Mit den Jahren wurde er außerdem immer geschickter darin, dieses Fehlverhalten sogar vor sich selbst zu leugnen. Heute, mit über fünfzig, öffnet sich Bill endlich und spricht mit wenigen Freunden über sein Problem. Warum gerade jetzt? Weil Bill im Büro dabei ertappt wurde, wie er sich im Internet pornografische Websites angeschaut hat, und dies hat sich zu allem Übel auch noch herumgesprochen. Beschämt, aber auch ein wenig erleichtert, wandte Bill sich hilfesuchend an seine Gemeinde und nahm zum ersten Mal Seelsorge in Anspruch. Sein Pastor und seine Kleingruppe wussten jedoch nicht, wie sie damit umgehen sollten. Bill wurde zum Gesprächsthema anstatt zum Gebetsanliegen. Gebrandmarkt und gebrochen zogen Bill und seine Frau weg, um Trost zu finden und angemessene Unterstützung zu erfahren. Sie brauchten einen geschützten Raum, um sich verändern zu können.

Wer eine antiseptische, krankenhausreine, sterile Umgebung sucht, um sich zu verändern, ist beim Christentum an der falschen Adresse. Jesus selbst machte das deutlich, als er sagte: „Die Gesunden brauchen keinen Arzt – wohl aber die Kranken" (Matthäus 9,12). Kranke – Menschen, die einer Umgestaltung bedürfen – brauchen einen Ort, an dem sich Heilung vollziehen kann, und meistens riecht es dann an diesen Orten nach dem Verdorbenen, das sich in den Gräbern dieser Menschen angehäuft hat, ob diese Dinge nun die Folge persönlicher Schuld, der Schuld anderer Menschen oder einfach der Lebensumstände sind.

Ein Jugendpastor bekam es einmal mit aufgebrachten Eltern zu tun, die den Eindruck hatten, ihr Sohn veränderte sich nicht schnell genug zum Positiven, nachdem er Mitglied der Jugendgruppe geworden war. Der junge Mann war alkoholabhängig und experimentierte mit Drogen. Zudem vermuteten die Eltern, dass ihr Sohn auch in sexueller Hinsicht ein ausschweifendes Leben führte. Die Familie war dieser Gemeinde extra deshalb beigetreten, weil der Jugendpastor und die Jugendarbeit im Allgemeinen einen guten Ruf hatten. Nun baten die Eltern um ein Gespräch mit dem Jugendpastor, um ihrer Enttäuschung darüber Luft zu machen, dass bei ihrem Sohn wenig bis gar keine Besserung zu bemerken war. Der Jugendpastor gab den Eltern eine unverblümte Antwort: „Ich kann nicht in drei Wochen richten, was Ihr Sohn in achtzehn Jahren verbockt hat." Entrüstet verließen sie die Gemeinde. Diese Eltern hatten zu spüren bekommen, wie langsam der Umgestaltungsprozess vor sich geht, eine Erfahrung, die wir alle machen.

Unser Glaube ist ein irdisches, physisches, organisches Unterwegssein hin zu neuem Leben, bei dem der Weg auch immer wieder einmal holprig werden wird. Wir können Glaube weder kaufen noch verpacken, noch produzieren oder verkaufen. Vielleicht wären wir mit unserem Glauben versöhnter, wenn wir unsere Schuld, unser Leben und unsere Vergangenheit mit einer Flasche „Sagrotan" desinfizieren könnten. Doch für unsere Herzen gibt es kein „Sagrotan". Hier hilft nur das langsame, stinkende Werk der Umgestaltung. Das ist der Weg des Lazarus. Das ist der Weg zu authentischer Veränderung.

Eine Gemeinde mit Schönheitsfehlern

Das ist ja alles schön und gut, doch wir Gemeindemenschen lieben nun einmal dramatische Bekehrungsgeschichten: Da findet ein Alkoholiker zu Jesus, lässt sich taufen und rührt nie mehr eine Whiskeyflasche an. Ein Obdachloser kommt zu Gott, legt die „Kleider des Heils" an, rasiert sich und ist von den Trauerrändern unter seinen Fingernägeln befreit. Eine Frau, die seit zwanzig Jahren immer wieder untreu ist, erkennt plötzlich, welchen Schmerz sie damit ihrem Ehemann zufügt, willigt ein, niemals mehr einen anderen Mann anzuschauen, und erfreut sich nun einer glücklichen Ehe.

Unsere Instantkultur durchdringt jeden Lebensbereich, und dazu gehört auch das, was in unseren Gemeinden für gut und richtig gilt. Niemand hat Lust auf einen langwierigen Umgestaltungsprozess. Wir möchten, dass Menschen zu Jesus finden und ihr Leben möglichst schnell in Ordnung bringen. Wir möchten saubere Leute in unverschmutzten Gotteshäusern, die glockenrein Lobpreislieder singen, und keine Pannen bei Technik, Ton- oder Lichtanlage.

Doch eine Umgestaltung folgt anderen Gesetzen. Die Lust stirbt eben nicht in den Wassern der Taufe. Der Neid verebbt nicht, wenn wir Jesus als unseren Retter annehmen. Lange unterdrückter Ärger verschwindet normalerweise nicht, wenn wir Jesus vorne am Altar begegnen. Und genauso wenig verschwinden Gier, Esssucht, Magersucht, Faulheit oder andere stinkende Realitäten des irdischen Lebens. Geben wir es doch zu: Sie und ich sind noch immer darauf angewiesen, dass Jesus uns verändert.

Warum ist dann aber in der Kirche und der christlichen Kultur generell so wenig von unserem stinkenden Zustand die Rede? Sollte es nicht Kleingruppen und Seminare wie die folgenden geben?

- *Für Eltern, die schnell überreagieren:* Kapelle, sonntags, 15:00 Uhr.
- *Für Workaholics:* Raum 105, donnerstags, 17:00 Uhr.
Für Menschen, die unter Panikattacken leiden: Raum 101, dienstags, 19:00 Uhr.
- *Für Paare mit gestörtem Liebesleben:* Raum 205, mittwochs, 19:00 Uhr.
- *Für pornosüchtige Männer:* Raum 103, dienstags, 19:00 Uhr.
- *Für Frauen, die misshandelt werden:* Chorraum, donnerstags, 18:00 Uhr.
- *Für Kinder mit gestörten Eltern:* Raum 108, sonntags, 17:00 Uhr.
- *Für Frauen, die eine Abtreibung hinter sich haben:* Raum 3, mittwochs, 16:30 Uhr.
- *Für Männer, denen es schwerfällt, heterosexuell zu leben:* Raum 202, mittwochs, 17:00 Uhr.
- *Für Personen, die sich auf die Ehe vorbereiten, aber bereits sexuell aktiv sind:* Raum 101, dienstags, 20:00 Uhr.
- *Für Eltern von homosexuellen Kindern:* Raum 109, sonntags, 16:00 Uhr.
- *Für Teenager, die nicht an Gott glauben:* Tischtennisraum, donnerstags, 20:00 Uhr.

Das sind Themen, die heutzutage relevant sind und bei denen Gesprächsbedarf besteht. Und doch sind viele Gemeinden traurigerweise schweigsam, wenn es um die stinkenden Lebensumstände geht, in denen die Menschen feststecken.

Ein guter Freund von mir kämpft ebenfalls mit einer stinkenden Sucht. Jede Woche besucht er eine Zwölf-Schritte-Gruppe in einem Begegnungszentrum. Da sitzt er auf einem Plastikstuhl in einem schwach beleuchteten Raum mit Linoleumboden. Er trifft dort immer dieselben Leute, Woche für Woche. Sie schlürfen dünnen Kaffee, essen pappige Kekse und erzählen sich die stinkenden Geschichten ihrer allmählichen Veränderung. Mein Freund schwärmt von diesen Treffen auf eine Art und Weise, wie ich sie mir von den Menschen, die in die Kirche gehen, nur wünschen kann: Die Liebe sei spürbar. Die Annahme überwältigend. Es gibt genug Zeit. Jeder darf seine Geschichte erzählen. Mein Freund hat mit der Kirche abgeschlossen, weil er keine Gemeinde findet, die ihm diese Liebe und Annahme bietet sowie einen geschützten Rahmen, in dem man ihm zuhört. Zu oft haben sich Christen naserümpfend von ihm abgewendet, als sich bemerkbar machte, wie sehr es in seinem Leben stinkt.

Ablehnung erfahren

Weil es zu unserem Heilwerden dazugehört, dass die Dinge, die sich in unserem Leben verändern müssen, stinken, erleben wir oft in irgendeiner Form Ablehnung. Jesus verlangte von Lazarus zwar nicht, dass er sich im Gestank der Umwandlung suhlte. Aber Lazarus musste durch eine Menschenmenge gehen, die seinen Gestank mit Sicherheit unerträglich fand.

Ken werde ich immer in trauriger Erinnerung behalten. Er ist homosexuell und ein langjähriger Freund von Susan, die zu einer Gemeinde gehört, in der ich eine Zeitlang Pastor war. Eines Abends erzählte Susan in unserer Kleingruppe von Ken. Wir alle waren der Meinung, dass unsere Gruppe ein guter Ort sei, an dem Ken sich mit dem christlichen Glauben auseinandersetzen könnte, deshalb luden wir ihn ein, und er nahm die Einladung tatsächlich an. Anfangs waren wir alle ganz begeistert darüber, dass Ken zu unseren Treffen kam.

Doch das änderte sich eines Tages. Ein Ehepaar aus unserer Gruppe bat mich um ein Gespräch und äußerte Bedenken. „Wie sollen wir uns als Christen weiterentwickeln, wenn wir immer Rücksicht auf Ken nehmen müssen?", fragten sie. „Sollte man Ken nicht lieber in eine andere Gruppe stecken oder sogar in eine andere Gemeinde?"

In derselben Woche kam Ken auf mich zu, ohne zu ahnen, dass in unserer Gruppe etwas gärte. Er bot an, sonntags in der Krabbelgruppe mitzuhelfen, denn seit Wochen hörte er schon die dringenden Appelle unseres Verantwortlichen für die Arbeit mit Kindern: „Wir brauchen jede Woche Mitarbeiter für die Krabbelgruppe. Jesus liebt Kinder. Möchtet ihr uns nicht helfen, die Liebe Jesu an unsere Kinder weiterzugeben?"

Daraufhin brach das Unwetter los. „Es ist völlig undenkbar, dass ein Homosexueller in unserer Krabbelgruppe mitarbeitet!" – „Steve, du musst etwas tun. Dieser Ken wird allmählich zu einem Problem." Im Grunde genommen bekam ich zu hören: „Steve, schmeiß diese stinkende Person aus unserer Gemeinde. Wir sind hier drinnen sauber und sein Gestank wird uns allmählich zu viel." Die Geschichte nahm ein trauriges Ende, denn Ken bekam Wind davon und verließ die Gemeinde. Sein neugieriger Glaube war nicht willkommen an einem Ort, an dem die Heiligen versuchten, ein Meister-Proper-Leben zu führen.

Jesus fand keinen Geruch unangenehmer als den religiöser Leute. Seine schärfste Kritik hob er sich für die stinkenden Glaubensanhänger im rechten Flügel auf.[2] Für Jesus war der Gestank von Ehebruch, Diebstahl, Lüge, Eifersucht, Zweifel und Ablehnung des Glaubens nichts im Vergleich zu dem Gestank der Selbstgerechtigkeit. Doch ganz wie es seinem Umgang mit stinkenden Personen entsprach, waren ihm selbst diejenigen willkommen, die sich anderen geistlich überlegen fühlten. Im 3. Kapitel des Johannesevangeliums finden wir die Geschichte eines Pharisäers namens Nikodemus.

Nikodemus kam im Schutz der Nachtluft zu Jesus, vielleicht um seine eigenen Gerüche zu übertünchen. Jesus wusste, dass man gewisse Dinge nur unter vier Augen ansprechen kann, deshalb empfing er den mit Selbstgerechtigkeit behafteten Nikodemus freundlich. Er freute sich sogar über dessen Fragen. Jesus erklärte Nikodemus, dass man einen Prozess durchlaufen müsse – den er als „wiedergeboren werden" beschrieb –, um ein lebendiges Leben im Reich Gottes zu führen.

Hätte Jesus ein Bild wählen können, das noch unfeiner und blutiger ist? In evangelikalen Kreisen kommt uns der Ausdruck „wiedergeboren sein" leicht über die Lippen, ohne dass wir uns bewusst machen, was damit eigentlich ausgesagt wird. Christen kommen nicht sauber und in weiße Handtücher gewickelt zur Welt. Nein, es geht dabei blutig und wenig appetitlich zu. Die Gute Nachricht von Jesus erreicht einige ziemlich üble Orte. Lazarus erreichte die gute Nachricht von der zweiten Lebenschance beispielsweise in einem stinkenden Grab.

Anstatt ungläubig, entrüstet oder peinlich berührt den Kopf zu schütteln, weil von einem Freund, Kollegen oder Nachbarn ein fauler Gestank ausgeht, können wir uns von dem Geruch daran erinnern lassen, dass jeder von uns Gott braucht. *Meine Freundin braucht Gott. Gott, bitte hilf ihr! Es stinkt wirklich ganz schlimm. Sie braucht dich genauso sehr wie ich.*

Jesus schlägt nicht die Hände über dem Kopf zusammen, wenn wir in einer Dunstwolke aus Schuld und Versagen vor ihn treten. Er wartet bereits auf uns und erwartet nichts anderes. Und das sollten auch wir nicht.

Jesus hatte einen Riecher

Jesus kannte sich mit Gerüchen aus. Er schien regelrecht einen Riecher dafür zu haben, wo Veränderung vonnöten war. Der schlechte Geruch eines Blinden ließ Jesus stehen bleiben, um ihn zu heilen. Der üble Gestank von Ehebruch trieb Jesus dazu, Heilung und Annahme zu schenken. Der Geruch jedweder heimlichen Sünde – Stolz, Gier, Neid, Hass, Eifersucht, geistliche Arroganz – ließ Jesus innehalten, weil er unbedingt mit der Person, die das stinkende, faule Etwas in sich trug, reden wollte.

Also wusste Jesus sehr wohl, dass der Gestank ekelerregend sein würde, als er an Lazarus' Grab stand. Trotzdem ließ er den Stein wegrollen. Er musste nicht würgen, denn er war an solche Gerüche gewöhnt. Stattdessen tat er etwas Unerwartetes. Er betete.

Der Geruch des Todes trieb Jesus dazu, mit Gott zu reden und sich nicht etwa abzuwenden, zu fliehen oder den Gestank zu beseitigen. Er hob den Kopf, anstatt ihn zu senken. Vielleicht hätten die Leute geglaubt, er vergrübe die Nase in seinen Kleidern, wenn er den Kopf gesenkt hätte. Nein, er hob den Kopf, als wollte er den durchdringenden Gestank noch tiefer einatmen, und betete: „Vater, ich danke dir, dass du mich erhört hast."

Johannes fand es wichtig, uns genau zu überliefern, was Jesus zu Gott sagte. Selbst wenn wir uns im Grab befinden und nach diesem Leben mit all seinen Ungereimtheiten stinken, betet Jesus für uns. Wenn wir verzweifelt und einsam sind, abgelehnt werden und zu Gott schreien, entgeht Gott kein einziges Wort. Wenn wir das verinnerlicht haben, dann treiben uns unser eigener Gestank und der Gestank anderer Menschen dazu, Gott um Hilfe zu bitten, anstatt uns abzuwenden.

Jesus liebt stinkende Menschen. Ob er nun mit Lazarus, Nikodemus, der Frau am Brunnen oder mit Ihnen spricht – Jesus hat eine Schwäche für Personen, in deren Leben es drunter und drüber geht.

Kapitel 6

Auf das Leben zugehen
Aus der Dunkelheit stolpern

„Und Lazarus kam heraus."
Johannes 11,44

- Veränderung vollzieht sich schrittweise.
- Es kann beängstigend sein, aus der Dunkelheit hinaus ins Licht zu treten, weil das für uns neu und ungewohnt ist.
- Stolpern gehört unvermeidlich zum Veränderungsprozess dazu, dramatische Momente sind dagegen eher selten.
- Hauptsache, wir bewegen uns auf Jesus zu.

Unweit unseres Einkehrzentrums in Colorado gibt es einen Wanderweg, den ich gerne entlanggehe. Er heißt „Klippenweg" und ein Schild am Anfang enthält ein paar Erläuterungen und Bestimmungen zu dieser Route: Sie ist mäßig steil, man braucht ungefähr drei Stunden bis zum Gipfel und Hunde müssen die ganze Zeit über an der Leine geführt werden. Weil ich diesen Weg schon Dutzende Male gewandert bin, halte ich mich gar nicht mehr damit auf, dieses Schild zu lesen. Ich weiß ja, was auf mich zukommt, und ich weiß, dass der herrliche Rundumblick auf dem Gipfel jeden Schritt wert ist.

Gwen und ich wandern unterschiedlich schnell. Ich bin zwanzig Zentimeter größer als sie, also sind meine Schritte länger. Ehe ich mich versehe, stürme ich ihr davon. Also muss ich aufpassen, dass eine in bester Absicht begonnene Sonntagswanderung nicht irgendwo zwischen frostigem Schweigen und frustrierten Tränen endet, weil sie das Gefühl hat, dass ich „gar nicht bei ihr ‚sein' will". Und hier geht die Diskussion dann immer los, denn ich denke immer, wir wollten einen Berg bezwingen. Ich vergesse, dass wir zusammen „sein" wollen. Sie sehen, meine innere Verwandlung lässt in vielen Bereichen noch zu wünschen übrig.

Auf unserem Weg hin zum veränderten Menschen – auf dem Weg aus dem Grab heraus – erhalten wir keine Landkarte, anhand derer wir unsere Fortschritte beurteilen können, und es gibt auch keinen Routenvorschlag, der auf unsere Schrittlänge oder Kondition abgestimmt wäre. Die Geschichte von Lazarus kann uns jedoch helfen, unseren Weg zu finden. Wir fragen vielleicht: „Wie lange wird es dauern, bis wir uns tatsächlich verändert haben? Kommen geübte ‚Wanderer' schneller ans Ziel?"

Johannes erwähnt ein interessantes Detail, als er beschreibt, wie Lazarus aus dem Grab in das Licht der Gegenwart Jesu tritt: Lazarus war noch immer in Leichentücher gewickelt. Wir würden uns vielleicht lieber vorstellen, dass er voller Freude über seine Auferweckung mit ausgebreiteten Armen auf Jesus zurennt, doch als Lazarus aus dem Grab kam, konnte er sich kaum rühren. Er war mumienartig verhüllt und wacklig auf den Beinen wie ein kleines Kind, das seine ersten Gehversuche unternimmt. Doch trotz dieser Erschwernisse bewegte er sich vorwärts; er ging auf die Stimme der Liebe zu, die ihn gerufen hatte.

Genau diesen Weg müssen wir alle gehen. Gewaltige Sprünge werden wir auf diesem Weg vermutlich seltener machen als kleine Stolperschritte. Doch im Veränderungsprozess kommt es vor allem darauf an, dass wir uns überhaupt vorwärtsbewegen, Schritt für Schritt. Es mag uns zwar schwerfallen, aber wir stehen. Wir mögen auf halber Strecke zwischen Tod und Leben sein, aber wir sind auf dem Weg zu Jesus.

Ein Mann, der sich Schritt für Schritt veränderte

John Newtons Leben ist im Grunde die Geschichte eines Mannes, der sich langsam schrittweise veränderte. Newton lebte im 18. Jahrhundert und war Kapitän eines Schiffes, der im Tausch gegen amerikanische Waren Sklaven erwarb und in die Neue Welt brachte. Das Geschäft war lukrativ, der Mann skrupellos.

An Bord des Sklavenschiffs „Greyhound" nahm John Newton am 12. Mai 1748 während eines heftigen Seesturms Jesus Christus als seinen Herrn und Retter an. Trotzdem blieb er anschließend noch sechs Jahre lang im Sklavengeschäft, segelte zwischen der Neuen Welt und Afrika hin und her und tauschte Menschen in Ketten gegen Rum in Fässern ein. Er hatte zwar Christus als seinen Retter angenommen, doch seine Veränderung ging nur langsam vonstatten.

1764 – zehn Jahre nachdem er seinen bisherigen Beruf an den Nagel gehängt hatte und sechzehn Jahre nach seiner

Lebenswende auf sturmgepeitschter See – wurde Newton anglikanischer Geistlicher. 1787 – neununddreißig Jahre nachdem er Christ geworden war – verfasste John Newton eine Schrift mit dem Titel „Gedanken zum afrikanischen Sklavenhandel", die William Wilberforce, einem Mitglied des britischen Parlaments, sehr bei seiner Kampagne gegen den Sklavenhandel nützen sollte.

John Newtons Geschichte mag uns ein Dorn im Auge sein, wenn wir lieber einen Sklavenhändler sähen, der im Bauch des Schiffes auf die Knie fällt, Gott um Gnade anfleht, Jesus in sein Leben lässt und sich alsdann erhebt, die Ketten der Sklaven löst und nach Hause segelt. In der Tat schrieb Newton selbst viele Jahre nach seiner Lebenswende: „Ich war in vielerlei Hinsicht unzulänglich … Ich kann mich erst beträchtliche Zeit später als Gläubigen (im vollen Sinne) bezeichnen." Newtons „beträchtliche Zeit" ermöglicht uns zu akzeptieren, dass auch wir auf unserem Weg unter Umständen nur langsam und schrittweise vorankommen.[1]

Newton verfasste eine Reihe von Liedern, die von seiner Veränderung und seiner Freude darüber erzählen. „Oh, Gnade Gottes wunderbar" („Amazing Grace"), das er in den 1770er Jahren verfasst hat, ist vermutlich sein bekanntestes Lied. Später verfasste er die folgenden Zeilen, die nicht nur die Veränderung von John Newton beschreiben, sondern auch die von Lazarus, von mir und vielleicht auch von Ihnen:

Ich bin nicht der, der ich sein sollte.
Ich bin nicht der, der ich sein möchte.
Ich bin nicht der, der ich zu sein hoffe.
Doch durch die Gnade Gottes bin ich nicht mehr der,
der ich war.[2]

Newton spricht hier von einer vergangenen, einer gegenwärtigen und einer zukünftigen Etappe auf dem Weg zum erneuerten Menschen. An seinem Leben zeigt sich, wie Menschen ihre Umgestaltung für gewöhnlich erleben: Zuerst verlassen wir das Grab, dann machen wir unsere ersten Schritte – manchmal vorwärts, manchmal schwankend und manchmal sogar rückwärts. Doch wir bewegen uns und im Großen und Ganzen bewegen wir uns vorwärts. Es gibt keine Runderneuerung, die sich innerhalb weniger Augenblicke vollziehen würde. Umgestaltung ist im Normalfall eine Reise mit vielen Etappen, die geraume Zeit in Anspruch nimmt.

Wenn wir die Psalmen lesen, die David verfasst hat, erleben wir den Umgestaltungsprozess eines anderen Mannes mit. David begann sein Leben als Hirtenjunge und beschloss es als umjubelter König von Israel. Seine Psalmen erzählen von glorreichen Siegen in Schlachten und von persönlichen, qualvollen Niederlagen im Kampf gegen seine Gelüste. Manchmal verströmen seine Gebete Begeisterung und Ehrfurcht. Anderen spüren wir seine Unzufriedenheit und Frustration ab. In Psalm 23 mangelt es ihm buchstäblich an nichts, und in Psalm 69 leidet er entsetzlichen Mangel, weil er sich, emotional und geistlich gesehen, in einem schwarzen Loch befindet. Wir können seine leidenschaftliche Anbetung in Psalm 8 nachlesen und seine Klage über einen Gott, der so fern scheint, in Psalm 10.

Das Beispiel von David wie das von Newton gestattet es uns, unsere Reise der Umgestaltung langsam anzugehen. Mit anderen Worten: David erinnert uns daran, dass Gott, sosehr er sich auch danach sehnt, all unsere Bedürfnisse durch Jesus Christus gestillt zu sehen, doch auch um unsere Fehlerhaftigkeit und um unsere schwierigen Lebensumstände weiß. Selbst der Auszug des Volkes Israel ähnelte mehr einem Zickzackkurs, und oft genug wollten die Israeliten zu dem ihnen vertrauten Leben zurückkehren – dem Grableben, dem Knoblauch-und-Zwiebel-Leben. Das letzte Buch der Bibel, die Offenbarung von Johannes, beschreibt ganze Gemeinden, die sich auf Zickzackkurs befinden und einer Kurskorrektur bedürfen. Eine der neutestamentlichen Gemeinden hat „ihre erste Liebe verloren" (Offenbarung 2,5). Eine andere steht in dem Ruf, „lebendig zu sein", ist aber in Wirklichkeit tot (Offenbarung 3,1), während wieder eine andere Gemeinde lediglich „lauwarm" ist (Offenbarung 3,16). Einzelne, Familien, Gemeinden und sogar Völker stolpern auf ihrem Weg zu Jesus.

Im Laufe unseres Lebens dürfen wir erleben, dass Gott uns immer wieder die Möglichkeit bietet, das Leben kennenzulernen, das er uns verheißen hat, selbst nachdem wir zum wiederholten Male vom Weg abgekommen oder unterwegs gestürzt sind. Glücklicherweise haben wir mehr als nur eine Chance, um es richtig zu machen. Mit diesem tröstlichen Gedanken im Hinterkopf dürfen wir weiter auf das neue Leben zugehen.

Das Bild der Reise

Der Psalmist jubelt: „Wohl den Menschen, die Kraft finden in dir, wenn sie sich zur Wallfahrt rüsten" (Psalm 84,6; Einheitsübersetzung). Wir befinden uns auf einer Wanderung, die mit unserer Geburt beginnt und im Grab endet, einer Reise zu unserem wahren Zuhause, unserer letztendlichen Bestimmung. Das Bild von der Wallfahrt, von der Reise, eignet sich hervorragend, um die lange, mühsame Strecke zu beschreiben, die wir gehend, kriechend, tanzend, weinend und stolpernd auf unserem Weg hin zu umgestalteten Menschen zurücklegen.[3] Howard Baker, ein Professor am „Denver Seminary", schreibt: „Das biblische und klassische Bild der ‚Reise' ist eine solide Metapher, um das Leben in der Nachfolge Jesu einzurahmen und unsere Vorstellungen zu ordnen. Das Bild der Reise fängt die Elemente von Bewegung, Zielsetzung und Ziel ein, die das Gestaltwerden Christi in uns ausmachen."[4]

Seit Jahrhunderten versuchen Schriftsteller, dieses in der Bibel so ausgeprägte Konzept der Lebensreise zu definieren. Manche haben Theorien aufgestellt, andere haben Etappen festgelegt, und wieder andere haben Skizzen entworfen und Stufen gezeichnet, und zwar gleich mit Diagrammen und Abbildungen! Ihre literarischen Metaphern schenken uns hilfreiche Bilder und eine Sprache, um unser eigenes Vorankommen zu beschreiben.

Teresa von Ávila gebrauchte das Bild einer „inneren Burg" mit verschiedenen Räumen, die für unterschiedliche Ebenen und Nähegrade zu Gott stehen.

John Bunyan, der zwölf Jahre lang im Gefängnis saß und keinen anderen Lesestoff als seine Bibel hatte, schrieb eine der bekanntesten Allegorien für das Leben als Christ, den geistlichen Klassiker „Die Pilgerreise zur seligen Ewigkeit". Die Hauptfigur, Christ, besteigt den Berg der Schwierigkeiten, watet durch den Sumpf der Verzweiflung und besucht den Markt der Eitelkeiten.

Im 20. Jahrhundert schilderte C. S. Lewis uns in seinen Romanen „Die Chroniken von Narnia" die Reise von vier Kindern durch ein magisches geistliches Land. Auf abenteuerlichem Wege gelangen die Kinder durch einen Wandschrank in einem alten englischen Herrenhaus in das Land Narnia, wo sie Tieren, Hexen und einem christusähnlichen Löwen namens Aslan begegnen.

Wissenschaftliche Untersuchungen zum geistlichen Leben stützen sich auf Erkenntnisse aus Psychologie, Religion und Medizin. So kombinierte und synthetisierte James A. Fowler in seinem monumentalen Werk „Stufen des Glaubens: die Psychologie der menschlichen Entwicklung und die Suche nach Sinn" die Theorien von Erik Erikson, Jean Piaget und Lawrence Kohlberg, um die Glaubensreise des Einzelnen als progressive Entwicklung darzustellen. Fowlers Theorien hatten großen Einfluss auf Pädagogen, Psychologen, Seelsorger und Geistliche.

Kirchen mit liturgischer Tradition leiten Christen fortschreitend durch das Kalenderjahr, weil sie es als eine Pilgerreise durch Jahreszeiten, Ereignisse und Begegnungen verstehen.

Wie wir es auch sehen – das geistliche Leben ist eine Pilgerreise, bei der wir von einem Ort zum anderen wandern. Man kann diese Orte als Etappen, Phasen, Zeiten oder Grade bezeichnen – letzten Endes kommt es darauf an, dass wir uns vorwärtsbewegen. So wie Jesus Lazarus aufforderte vorwärtszugehen, so möchte er, dass auch wir vorwärtsgehen und nicht etwa zurück oder seitwärts. Dabei handelt es sich nicht um eine gewöhnliche Reise. Es ist der Weg, um Christus ähnlich zu werden. Wir gehen auf das Leben zu, das Jesus uns verheißen hat.

Dem Licht Jesu folgen

Wenn ich mich mit Menschen treffe, die geistlichen Rat suchen, zünde ich zu Anfang der Sitzung häufig eine Kerze an, die uns daran erinnert, dass Jesus das Licht ist. Wir beten, dass das Licht Jesu uns den Weg weisen möge. Die Kerze ist eine kleine, aber wichtige Erinnerung daran, dass wir das Licht brauchen, um unsere Dunkelheit zu vertreiben. Wo das Licht Christi die Dunkelheit zurückdrängt, gehen wir von Sünde zur Buße über, von Zerbrochenheit zum Heilsein. Nur das Licht bewirkt in uns Veränderung, nicht die Dunkelheit.

Im Licht unseres neuen Lebens erkennen, erfahren und schmecken wir Gottes Güte mit der Zeit immer intensiver. Doch die Augen unseres Verstandes, unseres Herzens und unserer Seele müssen sich erst an das Licht, die Umgebung und das Starren der verblüfften Leute gewöhnen, während wir vorwärtsstolpern. Verglichen mit der ursprünglich begrabenen Person treten wir als ganz andere Menschen aus dem Grab heraus. Unsere alten Bekannten erwarten möglicherweise – oder möchten sogar –, dass wir in alte Gewohnheiten zurückfallen. Selbst wenn wir in eine christliche Gemeinschaft eingebunden waren, während wir uns im Grab versteckt hielten, können wir uns in dem Labyrinth aus kirchlichen Angeboten, Dienstbereichen und Gemeinderichtungen verirren. Woher sollen wir wissen, ob wir in die richtige Richtung gehen? Wie können wir dafür sorgen, dass wir in unserem Veränderungsprozess nicht stehen bleiben? Was ist, wenn andere mit unserem eingeschlagenen Weg nicht einverstanden sind? Was ist, wenn wir uns plötzlich im Grab wiederfinden und niemand mehr daran glaubt, dass wir je wieder herauskommen werden? Oder was ist, wenn wir das Grab vermissen und zurückgehen möchten – um dem grellen Licht des neuen Lebens zu entkommen?

Neulich traf ich mich mit einem Mann, der geistliche Wegweisung suchte, und fragte ihn: „Warum bleiben Sie lieber im Grab, wenn Sie wissen, dass draußen Freiheit und Leben auf Sie warten?"

Fast beschämt antwortete er: „Hier drinnen weiß ich wenigstens, woran ich bin. Ich bin an dieses Leben gewöhnt. Aber da draußen ist es unberechenbar."

In der Antwort dieses Mannes klingen viele Ängste an, die uns bei dem Gedanken daran überfallen, Schritte aus dem Grab zu wagen. In unseren ausgehöhlten, kalten Gräbern fühlen wir uns sicher, weil sie uns vertraut sind. Im Grab haben wir gelernt, unsere Wunden zu verbinden, aber sie heilen dort nicht. Unsere Pupillen bleiben geweitet, weil wir uns an die Dunkelheit gewöhnt haben.

Wenn wir hinaus ins Licht treten, fühlen wir uns möglicherweise unwohl. Vielleicht müssen wir etwas aufgeben, das uns im Grunde genommen gefällt und nach dem wir uns, wenn wir ehrlich sind, sehnen. Das Grab steht für das Vertraute. Das Grab fordert uns nicht zur Veränderung heraus. Im Licht dagegen ist nicht absehbar, was Jesus von uns verlangen könnte.

Mir ging es ebenso, als ich mich aus dem Grab heraus-
wagte. So verrückt es klingt, aber ich arbeite tatsächlich gerne. Ich finde es faszinierend und erfüllend, Menschen zu
helfen, die Art von umwälzender Lebensveränderung zu erfahren, die auch Lazarus erlebt hat. Doch aufgrund meiner
eigenen Seelenerkrankung, die ich bereits beschrieben habe,
neige ich dazu, mich selbst zu vernachlässigen. Sehr schnell
falle ich auf die Lüge herein, dass die Arbeit meinem Leben
Sinn gibt. Dass die Arbeit mich befriedigt. Ich kann mich
stundenlang unterhalten und dabei völlig die Zeit aus den
Augen verlieren. Ich kann mich in meiner Welt der Worte
und des Schreibens verlieren.

Meine Frau kennt das nur zu gut. Gwen sagt, wenn ich
an einem Projekt arbeite, dann traue sie sich oft fast nicht,
an meine Tür zu klopfen und zu fragen, ob ich eine Tasse
Kaffee möchte. Sie fürchtet sich vor meiner Reaktion auf
diese Unterbrechung. Früher bin ich wohl aufbrausend
gewesen und habe ihr durch meinen Tonfall zu verstehen
gegeben: „Nein! Komm mir jetzt nicht mit deinem Pausen-
geschwätz! Ich will arbeiten. Ich will in meinem Büro bleiben und nicht an mein Leben denken, nicht an dich und an
anderes auch nicht." Natürlich habe ich das nicht so direkt
gesagt. Aber die Botschaft kam trotzdem an. Wenn Gwen
das so erzählt, erkenne ich, dass meine alten Gewohnheiten
für mich ein Grab waren, in dem ich mich sicher fühlte.
Selbst heute noch scheint mir mein Computer, wenn ich an
ihm vorbeigehe, zuzurufen: „Komm zu mir! Komm, setz
dich zu mir und du wirst wahres Leben finden." Für Menschen mit einer ähnlichen Sucht wie der meinen kann der
Weg zurück ins Grab zeitweise äußerst verlockend wirken.

Welches Grab lockt Sie?

Vor Kurzem besuchte ich eine der größten Gemeinden in
den USA, um mich mit dem Pastor zu treffen, der für den
Bereich der Jüngerschaftsschulung zuständig ist. Wir sprachen über die Atmosphäre unter den Hauptamtlichen. War

sie vergiftet? Verband sie ein Gemeinschaftsgefühl? War es den Mitarbeitern möglich, Beziehungen zu vertiefen und gleichzeitig Aufgaben und Projekte zu bewältigen? Ich erkundigte mich, ob der Hauptpastor seinen Mitarbeitern einen gesunden Lebensstil vorlebte oder ob er eher ein Workaholic wäre (wie ich?).

Der für Jüngerschaft zuständige Pastor erzählte mir von einer einfachen, aber verblüffenden Regel, die für alle Mitarbeiter galt. Jeden Tag um 10:00 Uhr und um 15:00 Uhr legt jeder – und er meinte wirklich jeden – eine fünfzehnminütige Pflichtpause ein. Dann müssen alle Mitarbeiter ihren Schreibtisch verlassen und ohne Handys und ohne Organizer ins Atrium kommen, um sich die Beine zu vertreten und sich mit anderen zu unterhalten. Einmal, so erzählte er mir, habe er sein Handy mit in die Pause genommen, um ein „dringendes" Gespräch fortzusetzen, bis ihm schließlich der Hauptpastor auf die Schulter getippt und gesagt hatte: „Es gibt im Moment nichts Wichtigeres, als dass du eine Pause machst."

Das nenne ich ein gesundes Arbeits- und Gemeindeumfeld! Ich hätte am liebsten laut gejubelt und wäre zu diesem Hauptpastor gegangen, um ihn zu fragen: „Wo waren Sie in den Jahren, in denen es in meinem Leben so finster war?" Aber ich weiß auch, dass mir derartige Zwangspausen vermutlich oft ungelegen gekommen wären, hätte ich selbst in einer solchen Gemeinde gearbeitet. Mir ist es vertrauter und angenehmer, einfach einen weiteren Anruf entgegenzunehmen, als eine Pause einzulegen.

Sich unsicheren Schrittes aus dem finsteren Grab hinauszuwagen mag zunächst unangenehm und peinlich sein. Doch vergessen Sie nicht: Jeder Schritt nach vorn ist ein Schritt auf die Stimme der Liebe zu – ein unsicherer Schritt nach dem anderen. Dabei geht es nicht vorrangig um das Ziel. Es geht darum, sich zu bewegen, sich auf die Stimme der Liebe zuzubewegen, die Sie ruft.

Gotteserkenntnis und Selbsterkenntnis

Wenn ich mich (geistlich) weiterentwickeln will, muss ich mir auch darüber klar werden, auf welche Grundannahmen ich mein Leben aufbaue. So wie Lazarus nicht hätte neu anfangen können, wenn er nicht gewusst hätte, wo er sich auf dem Weg zu Jesus befand, so komme auch ich nicht vorwärts, wenn ich nicht einen Blick darauf werfe, in welcher Weise meine Kindheit, meine Lebensumstände und mein Glaube mich bis heute beeinflussen.

Manchmal hinterfrage ich die Glaubensgrundsätze einer guten Freundin, indem ich ihr die Frage stelle: „Wie bist du zu dieser Ansicht gelangt?"

Daraufhin erklärt sie mir unweigerlich: „Mein Vater war Baptistenpastor und er hat immer gesagt …" Ihr Vater muss sie mit riesigen Mengen an Ansichten zu diversen Themen versorgt haben. Doch selbst ein Baptistenpastor liegt nicht immer und in allem richtig. Glauben Sie mir, ich war selbst einer.

Je mehr Gespür wir dafür entwickeln, wie es um uns selbst bestellt ist, desto besser erkennen wir auch, welchen Lügen wir über Gott und uns selbst Glauben schenken. Ich habe bereits an früherer Stelle erwähnt, wie wichtig für mich das geworden ist, was Johann Calvin zur Selbsterkenntnis sagte: Gott kennenzulernen und uns selbst kennenzulernen ist eine doppelte Aufgabe, um die keiner herumkommt, der geistliche Veränderung erleben möchte. Wenn wir Gott bewusster wahrnehmen, nehmen wir auch uns selbst bewusster wahr. Und umgekehrt.

Der jüdische Prophet Jesaja erteilt uns eine wertvolle Lektion über den Zusammenhang von Selbsterkenntnis und Gotteserkenntnis. Im 6. Kapitel des Buches Jesaja beschreibt der Prophet eine Vision, die ihn mehr von Gott erkennen ließ. Diese erhellende Erfahrung ließ ihm gleichzeitig bewusst werden, wie es um ihn selbst bestellt war: „Vor

Angst schrie ich auf: ‚Ich bin verloren! Ich bin unwürdig, den Herrn zu preisen, und lebe unter einem Volk, das genauso unwürdig ist. Und ich habe den König gesehen, den Herrscher der Welt!'" (Jesaja 6,5; Gute Nachricht). Als Jesaja die Heiligkeit Gottes erkannte, wurde ihm gleichzeitig seine eigene Unwürdigkeit bewusst. Die Gotteserkenntnis führte zur Selbsterkenntnis, was wiederum dazu führte, dass er anderen die Wahrheit Gottes verkündete.

Gotteserkenntnis

Auf vielen Darstellungen von der Auferweckung des Lazarus hält dieser beim Verlassen des Grabes den Blick fest auf Jesus gerichtet – nicht auf die Menschen, die sich wegen des Gestanks die Nase zuhalten, nicht auf den Grabstein, der soeben weggerollt wurde, sondern einfach auf Jesus. Wenn Sie sich noch einmal Giottos Fresko ansehen, wird Ihnen das auffallen. Nur die Stimme Jesu hatte Lazarus aus der Umklammerung des Todes befreien und ins Leben zurückrufen können. Also richtete Lazarus seine gesamte Aufmerksamkeit auf Jesus, und auf Jesus allein.

Wenn Gott uns aus dem Grab herausruft und damit seine überschwängliche Liebe zu uns offenbart, lernen wir seine Stimme, seine Art, sein Wesen und seine Sehnsüchte immer besser kennen. Doch Geschäftigkeit, Verpflichtungen, Engagement und Aufgaben können unsere Gotteswahrnehmung trüben.

Wir können unsere Gotteswahrnehmung trainieren, indem wir geistliche Übungen praktizieren, die manchmal auch „geistliche Disziplinen" genannt werden. Das Wort „Disziplin" bedeutet im Grunde auch, dass man „Raum schafft". Wir schaffen Raum für Gott, indem wir bewusst Zeit mit ihm verbringen. Geistliche Disziplinen oder Übungen tun der Seele genauso gut, wie sportliche Betätigung dem Körper guttut. Sie regen uns an, geistliche Muskeln zu gebrauchen, die im Grab verkümmert sind. Da das

Anhäufen von Informationen über Jesus keinerlei verändernde Wirkung auf uns hat, müssen wir uns in den Bereichen trainieren, die uns helfen, Gott bewusster wahrzunehmen und uns immer mehr an seiner Gegenwart zu erfreuen.

Selbsterkenntnis

Zur intensiven Beschäftigung mit Gott gehört auch die intensive Beschäftigung mit der Frage, als welche Persönlichkeit er uns geschaffen hat. Wenn man viel über Gott weiß, ohne viel über sich selbst zu wissen, führt das zu der gefährlichen Religion, die von den Pharisäern praktiziert wurde. Jesus kritisierte diese religiöse Gruppierung, weil sie sich weigerte, ehrlich in sich hineinzugucken – sie weigerte sich, die dunklen Ecken in sich wahrzunehmen, in denen schlechte Motive, Stolz und ungesunde Wünsche lauerten.[5] Jesus ermahnte die Pharisäer, ihr Inneres zu „schrubben" und nicht nur die äußere Fassade auf Hochglanz zu polieren. Es ist gerade die „innere" Welt, die am dringendsten Veränderung braucht. Schlechte Gewohnheiten, verborgene Süchte, Bitterkeit, Zorn, Stolz und eine Vielzahl anderer Dinge werden uns zur Stolperfalle.

Selbsterkenntnis zu haben heißt, die Tatsache zu akzeptieren, dass wir den vor uns liegenden Weg nicht stolperfrei bewältigen werden. Zwar resignieren wir nicht angesichts unserer Schwächen, aber wir leugnen sie auch nicht. Der Psychologe und Autor David Benner stellt klar: „Selbst das, was wir unbedingt an uns ändern möchten, muss zunächst angenommen werden – ja, willig angenommen werden ... Solange wir die unschönen Seiten unseres Charakters nicht akzeptieren, müssen wir stets Ausreden bemühen und lehnen jede Verantwortung für unser Verhalten ab."[6]

Der dänische Theologe Sören Kierkegaard schrieb ein Gebet, das ich oft verwende: „Mit deiner Hilfe, Herr, werde ich jetzt ich selbst werden." Wir werden wir selbst, wenn wir uns so annehmen, wie wir uns von Gott angenommen wissen. Dazu müssen wir uns in unserer Gesamtheit akzeptieren, mitsamt unseren Grabtüchern, mit unseren Schwächen, aber auch unseren Stärken. Nur dann können wir uns vorwärtsbewegen, um zu den Menschen zu werden, die zu sein Gott uns berufen hat.

Gefällt Ihnen die Richtung, die Sie eingeschlagen haben? Welche Last aus früheren Süchten, Enttäuschungen und Vorstellungen tragen Sie mit sich herum? Was heißt es heute für Sie, auf Jesus zuzugehen? Jeder von uns braucht auf einem anderen Gebiet Freiheit und so ist der Weg aus dem Grab heraus für jeden individuell verschieden. Doch dabei sollten wir stets daran denken, dass Selbsterkenntnis und Gotteserkenntnis Hand in Hand gehen.

Immer weitergehen

Nach meinem Aufenthalt im Kloster kam ich ganz gespannt nach Hause – welche Veränderungen würde ich nun als Pastor, Leiter, Vater und Ehemann erleben? –, doch nach einer Weile hatte ich das Gefühl, ich stünde wieder auf verlorenem Posten. Der Arbeitsdruck nahm schleichend zu und ich verfiel in alte Verhaltensmuster. Ich versuchte zwar, so zu leben, wie ich das eigentlich tun wollte – so zu leben, wie es Jesu Plan für mein Leben vorsah –, aber ich steckte fest.

Eine weise Freundin, der ich vertraue, kam eines Tages zu Besuch und hörte sich mein Jammern und meine Verwirrung darüber an, wie ich denn nun die Prioritäten in meinem Leben ordnen sollte. Sie lehnte sich auf ihrem Stuhl zurück und sagte ganz schlicht: „Steve, geh einfach immer weiter!" Ich spürte instinktiv, dass sie recht hatte. Diese Aussage deckte sich mit meinem Gefühl, dass die Veränderung ein mühsamer Prozess war, aber auch mit meinem Wunsch, frei zu werden, und meiner Sehnsucht nach wahrem Leben. Es waren die Worte, die Jesus auch zu Lazarus sagte: „Geh

einfach immer weiter!" Es gab nur einen Weg, wollte ich das
Leben finden, nach dem ich mich so sehnte: Ich musste immer weitergehen.

Vielleicht sind Sie enttäuscht, weil Sie scheinbar nur ge-
ringe Fortschritte machen, aber manchmal kann man einfach nicht mehr als das Richtige tun, und das beginnt damit, dass man einen weiteren Schritt in die richtige Richtung
macht. Vielleicht werden Sie vom nächsten Plateau aus erkennen können, wie weit Sie schon gekommen sind. Vielleicht bietet sich hinter der nächsten Biegung die Aussicht,
auf die Sie schon so lange gewartet haben.

Mir persönlich wurde bald klar, dass ich nicht mehr zurückgehen konnte. Im Grab war nichts und niemand *für*
mich. Nur Jesus war auf meiner Seite. Jesus hatte mir das
geschenkt, was ich wollte und brauchte, und meine kranke
Seele genas nur, wenn ich seine Nähe suchte.

Ich kann mir vorstellen, dass es Lazarus ähnlich erging,
als er Jesus rufen hörte. Er hörte seinen Namen. Er hörte die
Stimme seines Freundes. Er stand auf und setzte sich in Bewegung. Er wusste, dass ihm das Grab nichts mehr zu bieten hatte. Das Grab war der Tod und Jesus war das Leben.
Die Wahl war einfach: „Soll ich zurückgehen? Was gibt es
dort noch für mich?"

Was wäre, wenn Lazarus gesagt hätte: „Oh, Jesus, ich bin
noch nicht bereit herauszukommen", oder: „Jesus, es ist ja
toll, lebendig zu sein, aber hättest du nicht irgendetwas wegen dieser Leichentücher unternehmen können?"? Was wäre, wenn er gesagt hätte: „Das hatte ich mir aber anders vorgestellt"? Doch es genügte Lazarus, lebendig zu sein, und er
ging auf Jesus zu.

Dass Lazarus selbst die Entscheidung fällen musste, das
Grab zu verlassen, erinnert uns daran, dass Gott uns einlädt, mit ihm zusammen an unserer Umgestaltung zu arbeiten. Paulus ermahnt uns, „das alte Wesen und die frühere
Lebensweise abzulegen" und „das neue Wesen anzuziehen"

(Epheser 4,22–23). Wir werden nicht automatisch neu eingekleidet oder mit neuen Verhaltensweisen ausstaffiert, wenn wir uns dafür entscheiden, Jesus nachzufolgen. Paulus vertieft diesen Gedankengang in seinem Brief an die Kolosser: „Da ihr nun von Gott für dieses neue Leben der Liebe erwählt worden seid, bekleidet euch mit dem, was Gott für euch herausgesucht hat." Anschließend zählt er die Kleidungsstücke auf, die wir tragen sollen: Mitgefühl, Freundlichkeit, Demut, zurückhaltende Stärke, Selbstbeherrschung, Vergebung – „vor allem aber bekleidet euch mit der Liebe. Sie ist eure elementare Allzweckbekleidung. Tragt sie ständig" (Kolosser 3,12–14; The Message).

An anderer Stelle erläutert Paulus:

Was folgt daraus, liebe Freunde? So, wie ihr Gott bisher immer gehorsam gewesen seid, sollt ihr euch ihm auch weiterhin mit Respekt und tiefer Ehrfurcht unterstellen und alles daransetzen, dass eure Rettung sich in eurem Leben voll und ganz auswirkt – nicht nur, wenn ich bei euch bin, sondern erst recht jetzt, während meiner Abwesenheit. Gott selbst ist ja in euch am Werk und macht euch nicht nur bereit, sondern auch fähig, das zu tun, was ihm gefällt (Philipper 2,12–13; Neue Genfer Übersetzung).

Haben Sie verstanden, was Paulus hier sagt? Wir sollen „weiterhin" „Respekt und tiefe Ehrfurcht" an den Tag legen, sollen „alles daransetzen", dass sich die Entscheidung für Jesus Christus positiv auf unser Leben auswirkt. Aber das müssen wir nicht aus eigener Kraft leisten. Die Kraft hierfür ist die Kraft Gottes, die tief in uns wirkt. Veränderung geschieht dort, wo sich Gottes Kraft und unsere Anstrengungen verbinden. Wir sehen dieses Paradox bei Lazarus. Die Kraft Gottes und die Vorwärtsbewegung von Lazarus verbanden sich und führten dazu, dass ein Leben verändert wurde.

Auf Jesus zuzugehen heißt auch, dass wir ihm unseren Willen, unsere Wünsche und Sehnsüchte viele Male unterstellen müssen. Gott mag uns zwar unsere Wünsche hundertfach gewähren, so wie er es im Fall von Maria und Marta tat. Doch selbst Jesus musste Gott seinen Willen in Gethsemane unterstellen, wo er betete: „Doch dein Wille geschehe, nicht meiner." Wenn wir auf unserem Weg beharren, werden wir schon bald feststellen, dass wir nicht auf dem Weg sind, der zu einem veränderten Leben führt.

Als ich den Rat befolgte, ausschließlich die Aussagen Jesu zu lesen, mich auf seine Lehren zu konzentrieren und zu untersuchen, wie er das Leben angegangen ist, erlebte ich einen wunderbaren „Aha-Moment". Vor dieser Zeit hatte mich das Leben mächtiger, erfolgreicher Menschen mehr fasziniert als das Leben Jesu. Ich musste die folgende Lektion wieder ganz neu lernen: Wenn Jesus von sich behauptet, die Auferstehung und das Leben zu sein, dann sollte ich alles daransetzen, meine Aufmerksamkeit zuerst einmal auf ihn zu richten. Diese Erkenntnis allein hat mir unheimlich geholfen, auf meinem Weg hin zu einem erneuerten Menschen Fortschritte zu machen.[7]

Wie Johannes schreibt: „Wer behauptet, dass er zu Gott gehört, soll leben, wie Christus es vorgelebt hat" (1. Johannes 2,6). Der Weg hin zu erneuerten Männern und Frauen ist der Weg Jesu. Ganz gleich, wie oft wir auf diesem Weg stolpern – sein Weg ist der Weg zu neuem Leben. Darum lassen Sie uns über diesen Weg nachdenken und ihn gehen.

Völlig neu

Thomas Merton, der im 20. Jahrhundert gelebt hat und katholischer Mönch sowie Verfasser geistlicher Schriften war, wurde einmal gefragt: „Wozu verpflichten Ihre Gelübde Sie?"

Merton erwiderte: „Meine [Gelübde] sind die Verpflichtung zu einer völligen inneren Umgestaltung auf die eine oder andere Weise; eine Verpflichtung, ein völlig neuer Mensch zu werden."[8]

Die Reise, auf der Sie und ich uns befinden, ist eine Reise auf das Ziel zu, ein völlig neuer Mensch zu werden, eine Reise, auf der der Christus in uns mehr und mehr Raum gewinnt. Eine Reise, auf der sein Einfluss immer größer werden und ich mich immer mehr zurücknehmen muss.[9] Doch eine innere Veränderung – in welcher Hinsicht auch immer – vollzieht sich in Schritten, Phasen und zu bestimmten Zeitpunkten.

Wie wir bereits gesehen haben, kommen wir im geistlichen Leben nur mühsam und stolpernd voran, aber wir *kommen* voran. Würde es Ihnen gefallen, wenn Ihre Ehe noch genauso wäre wie kurz nach Ihrer Trauung? Möchten Sie, dass die Beziehungen zu Ihren Freunden auf demselben Niveau stehen bleiben wie an dem Tag, als Sie sich kennengelernt haben? Möchten Sie beruflich heute noch auf dem gleichen Wissens- und Kompetenzstand sein wie an Ihrem ersten Arbeitstag? Die meisten von uns würden wohl mit „Nein!" antworten. Wir möchten uns weiterentwickeln. Wir möchten uns verändern. Wir sehnen uns nach Erneuerung. Wir sehnen uns danach, unsere Arme und Beine bewegen zu können, unsere blinzelnden Augen weit zu öffnen und aus dem Grab herauszutreten. Auch dieses langsame, mühsame Vorankommen ist ein Schritt vorwärts. Es ist ein Schritt auf das Leben zu, das wir uns wünschen, das Leben, das nur Jesus uns geben kann.

Kapitel 7

Die Grabtücher benennen
Erkennen, was einen bindet

„Und Lazarus kam heraus. Er war in Grabtücher
gewickelt und sein Kopf war mit einem Tuch verhüllt."
Johannes 11,44

- Wenn wir das Grab verlassen, ist äußerlich immer
  noch ersichtlich, was an uns veränderungsbedürftig
  ist.
- Wir kommen Jesus näher, wenn wir uns eingestehen,
  was uns von ihm fernhält.
- Viele Christen leiden unter Selbstablehnung, Furcht,
  Schuld, Scham, Selbstvorwürfen und Enttäuschung.
  Gott allein kann uns helfen, die Last unserer
  Grabtücher leichter zu machen.

Nehmen Sie sich einen Augenblick Zeit und betrachten Sie noch einmal Giottos Darstellung von Lazarus. Lazarus steht im Eingang des Grabes, das graue, versteinert dreinblickende Gesicht auf Jesus gerichtet. Sein Körper ist mumienhaft eingewickelt. Jesus steht nur wenige Schritte von ihm entfernt, und Lazarus ist aus dem Grab heraus, doch er scheint sich nicht bewegen zu können. Die Grabtücher hindern ihn daran. In krassem Gegensatz zu den leuchtend bunten Gewändern von Jesus, Maria, Marta und den anderen Umstehenden sehen die baumwollenen Grabtücher von Lazarus freudlos, farblos und schmucklos aus. Könnte es sein, dass Giotto uns damit verdeutlichen wollte, dass eine Auferstehung unter Umständen nicht so glorreich aussieht, wie wir uns das vorstellen? Lazarus kam als neuer Mensch aus dem Grab heraus, und doch konnte man ebenfalls noch erkennen, wie er ausgesehen hatte, als er ins Grab hineingelegt worden war. Er trat nicht in lebhaftes Blau, warme Goldtöne und Rotschattierungen gekleidet aus dem Grab. Aus Giottos Fresko geht hervor, dass Lazarus sich durchaus in Bewegung setzen wird. Doch zunächst muss er von dem, was ihn bindet, befreit werden.[1]

Wie wir im vorangegangenen Kapitel gesehen haben, können uns die Leichentücher beim Verlassen des Grabes zum Stolpern bringen. Ja, wir leben – aber gerade eben so. Wir hören, dass die Stimme der Liebe uns herausruft, vorwärtsruft, weiterruft, aber wir können uns nicht bewegen. Und deshalb müssen wir jetzt eine Entscheidung fällen: Wollen wir wirklich das mumienhafte, graue Leben in Grabtüchern führen?

Der Stoff, aus dem unsere Grabtücher sind

Von einem Eisberg ragt nur ein Zehntel seiner Gesamtgröße über die Wasseroberfläche, der wesentlich größere Teil liegt unter Wasser – neun Zehntel, um genau zu sein –, und dieser verborgene Teil kann Schiffe zum Kentern bringen und ihnen auch auf andere Weise sehr gefährlich werden. Genauso verhält es sich mit Grabtüchern. Um uns aus ihnen zu befreien, müssen wir genau hinsehen, um das Ende des einen und den Anfang des nächsten Tuchs zu finden. Wegen der vielen fest gewickelten Leichentücher haben wir es nicht mit einem Menschen zu tun, der „rennt, springt und vor Freude tanzt", wie es andere Menschen in der Bibel sonst häufig machen, denen ein persönliches Wunder zuteilwird. Doch wenn wir jedes Tuch einzeln abwickeln, erfahren wir neues Leben – neue Möglichkeiten –, Freiheit und, ja, völlige Veränderung!

Der Autor Frederick Buechner schreibt von der „Zentrifugalkraft" der Sünde. Sie drängt immer weiter nach außen und wirkt sich auf alles und jeden in unserer Umgebung aus. Was in uns ist, kann nach außen dringen und wie ein Grabtuch zum Vorschein kommen – und uns schließlich geschickt einwickeln und gefangen nehmen. Viele von uns glauben, wenn sie nur genügend Informationen anhäufen und entsprechende Kurse und Seminare besuchen, dann könnten sie dem Einfluss der Sünde entkommen. Manche versuchen vielleicht auch, ihre Sünde zu „managen", wie Dallas Willard es nennt. Doch die Sünde ist weniger rational erfassbar als vielmehr unberechenbar. Sie entwickelt eine Kraft, die uns überwältigt und versklavt wie die fest gewickelten Grabtücher im Fall von Lazarus. Weil wir Begierden empfinden, die ausgesprochen negative Auswirkungen haben, spüren wir, dass in uns zwei Kräfte am Werk sind, die ein Tauziehen um uns veranstalten.

Die Sünde ist in unsere Grabtücher eingewoben. Wir sind alle schuldig geworden und haben die Herrlichkeit verloren, in der Gott uns ursprünglich geschaffen hat. Dieser hinterhältige, betrügerische, faszinierend gewebte Stoff wird uns daher in unserem Leben endlose Probleme bereiten.

Diesseits des Himmels werden wir immer damit ringen müssen, dass der Stoff einerseits irgendwie sehr anziehend wirkt, dass seine Beschaffenheit aber andererseits ausgesprochen fest ist und uns fest einwickelt. Mit anderen Worten: Wir können uns dem Griff der Sünde und ihrer Fähigkeit, uns zu Fall zu bringen, auf dieser Reise namens Leben einfach nicht entziehen.

Der Apostel Paulus beklagte diesen Kampf in seinem Brief an die Gemeinde in Rom:

Es ist anscheinend wie ein inneres Gesetz in meinem Leben, dass ich, wenn ich das Gute will, unweigerlich das Böse tue. Ich liebe Gottes Gesetz von ganzem Herzen. Doch in mir wirkt ein anderes Gesetz, das gegen meine Vernunft kämpft. Dieses Gesetz gewinnt die Oberhand und macht mich zum Sklaven der Sünde, die immer noch in mir ist. Was bin ich doch für ein elender Mensch! Wer wird mich von diesem Leben befreien, das von der Sünde beherrscht wird? (Römer 7,21–24).

In Hebräer 12, Vers 1 heißt es: „Da wir von so vielen Zeugen umgeben sind, die ein Leben durch den Glauben geführt haben, wollen wir jede Last ablegen, die uns behindert, besonders die Sünde, in die wir uns so leicht verstricken. Wir wollen den Wettlauf bis zum Ende durchhalten, für den wir bestimmt sind." Eine andere Bibelübersetzung macht diesen Vers noch verständlicher: „Legen wir also los. Fort mit allem Ballast, fangt an zu rennen – und bleibt nicht stehen! Kein zusätzliches geistliches Fett, keine parasitären Sünden" (The Message). Es scheint fast so, als hätte der Verfasser des Hebräerbriefs die Grabtücher von Lazarus vor Augen gehabt, als er seine Worte niederschrieb. Die Grabtücher der „Sünde, in die wir uns so leicht verstricken", müssen abgelegt werden, damit wir anfangen können, auf Jesus zuzurennen, um in den Genuss des Lebens zu kommen, das er uns schenken möchte.

Für mich hat es sich als hilfreich erwiesen, die Grabtücher als etwas zu sehen, das mich von dem abhält, was ich mir eigentlich am sehnlichsten wünsche: Freiheit, wahres Leben und Veränderung. Jedes Grabtuch kann zum Symbol für etwas werden, das unser Vorankommen behindert, das uns das von Jesus versprochene Leben vorenthält und das uns der Möglichkeit zur Veränderung beraubt. Grabtücher können auch eine Folge unseres Fehlverhaltens sein und uns unablässig an die Verletzungen und Wunden erinnern, die wir uns im Laufe des Lebens zugezogen haben. Wenn wir Veränderung erleben möchten, müssen wir diese Grabtücher ablegen, genau wie Lazarus es getan hat.

Und dazu müssen wir sie beim Namen nennen und als das entlarven, was unser Vorankommen behindert.

Wenn wir Sünden beim Namen nennen

Nachdem Gott den Himmel, die Erde, das Meer, die Menschen und alle anderen Kreaturen geschaffen hatte, die die Erde bevölkerten, erteilte er Adam einen wichtigen Auftrag: Adam sollte den Tieren Namen geben (1. Mose 2,19). Als dieser den Geschöpfen, die die junge Erde durchstreiften, Namen gab, entwickelte der erste Mensch ein Kommunikations- und Kategorisierungsinstrument für sich selbst und die gesamte Menschheit. Dadurch zeigte sich auch seine Überlegenheit den Tieren und Pflanzen gegenüber.

Auch heute noch gebrauchen wir ganz selbstverständlich Namen und Bezeichnungen, um alles zu benennen – von Haustieren bis hin zu Krankheiten. Wie oft haben Sie schon gehört, dass ein Kleinkind wissen möchte: „Was ist das?"? Von klein auf möchten wir unsere Umgebung verstehen. Das kann uns mittels Bezeichnungen gelingen, die uns helfen, unsere Welt zu kategorisieren und eine Beziehung zu ihr aufzubauen.

Jeder, der schon einmal im Ausland war, ohne die Landessprache zu beherrschen, weiß, wie frustrierend es ist und wie hilflos man sich fühlt, wenn man Orte, Menschen und Objekte nicht benennen kann. Sobald wir Bezeichnungen für unsere Umgebung haben, fühlen wir uns sicherer. Das Gleiche gilt für unsere Gedanken und Gefühle. Wenn beispielsweise unsere Beziehung zu einem Bruder oder einer Schwester schon in unserer Kindheit etwas „schwierig" und schmerzhaft war, werden die Erinnerungen daran in gewisser Weise immer Macht über uns ausüben. Wenn wir dagegen in der Lage sind, diese Gefühle zu benennen („Ich habe das Gefühl, dass du schon immer besser sein wolltest als ich" oder: „Es verletzt mich, dass du niemals von dir aus auf die Idee kommst, mich zu besuchen"), können wir ihre Wurzeln bestimmen und sie besser in den Griff bekommen. Bezeichnungen helfen uns, etwas zu verstehen. Bezeichnungen helfen uns, Dinge zu überwinden. Wenn wir in Worte fassen, was uns wirklich stört, erleichtert das die zwischenmenschliche Kommunikation erheblich.

Ein eindrucksvolles Beispiel hierfür findet sich im 5. Kapitel des Markusevangeliums, wo davon berichtet wird, dass Jesus in der Gegend von Gadara einem namenlosen Mann begegnete, der von Dämonen besessen war. Man hatte ihn an Händen und Füßen gefesselt, aber er hatte die Ketten zerrissen und lebte in den Gräbern. Er schrie Tag und Nacht und fügte sich mit Steinen Verletzungen zu.

Als die beiden aufeinandertrafen, sprach der besessene Mann Jesus mit einem seiner Namen an: „Was willst du von mir, Jesus, Sohn des höchsten Gottes? Ich beschwöre dich bei Gott: Quäle mich nicht!" (Markus 5,7–8). Jesus hingegen erkundigte sich nach dem Namen der Dämonen, und nachdem diese ihn genannt hatten, trieb Jesus die Dämonen aus.

Als diese ihre Namen und ihr Wesen preisgeben mussten, lockerte sich ihr Griff um diesen Mann. Nicht länger waren sie geheimnisvolle, allmächtige Wesen; sie waren Dämonen, die Jesus mit Namen ansprechen und beherrschen konnte. Als die Dämonen benannt waren, setzte die Veränderung ein. Und erst als die falschen Namen „ausgetrieben" waren, konnte der Mann von den Gräbern seinen wahren Namen annehmen: geliebtes Kind Gottes.

Solange wir die „Legion" an Grabtüchern, die im Grunde aus unseren Einstellungen und Emotionen bestehen, nicht identifizieren, werden sie unser Herz einschnüren und uns daran hindern, befreit auf das neue Leben zuzugehen. Wir müssen wissen, was uns bindet, um frei werden zu können.

Fünf „gängige" Grabtücher

Als ich vor einigen Jahren Peter kennenlernte, machte er gerade die ersten zögerlichen Schritte aus seinem Grab heraus. Peter war während seines Betriebswirtschaftsstudiums zum Glauben gekommen, und obwohl er sich seither verändert hatte, war er noch immer heimlich spielsüchtig. Seine Frau entdeckte dieses zerstörerische Geheimnis zwei Jahre nach ihrer Eheschließung. Die Grabtücher, die er jahrelang unbemerkt getragen hatte, wurden endlich erkannt. Das Gewicht dieser Tücher, die Energie, die es ihn kostete, sie zu verbergen, die Leidenschaft, sie zu pflegen, und die Schuldgefühle darüber, dass es sie gab, hatten ihn innerlich völlig zermürbt. Doch heute sucht er Hilfe, benennt sein Fehlverhalten mutig und geht auf Jesus zu.

Der Gott, der uns mit Namen kennt, weiß, dass jeder von uns seine ganz eigenen „Problemzonen" hat, um die er sich kümmern will. Jesus setzte bei der ungezügelten Unbeherrschtheit von Petrus, den nagenden Zweifeln von Thomas, bei Marias deplazierter Leidenschaft und Martas verborgenen Obsessionen an, um einen Veränderungsprozess einzuleiten. Wenn wir sowohl unsere Schwächen als auch unsere Stärken kennen, kann uns das wertvolle Hinweise darauf liefern, in welchem Bereich unseres Lebens Gott möglicherweise an uns arbeiten möchte, um uns frei zu machen.

Ich möchte auf fünf weitverbreitete „Grabtücher" eingehen, die ich heutzutage im geistlichen Leben oft antreffe: Selbstablehnung, Furcht, Schuldgefühle, Scham und Selbstvorwürfe sowie Enttäuschung. Wenn ich mir anmaße, etwas von diesen Grabtüchern zu verstehen, dann deshalb, weil ich ebenfalls mit ihnen zu kämpfen habe. Kierkegaard definierte Sünde einmal als „verzweifelt nicht man selbst sein wollen". Wir sind die geliebten Kinder Gottes, das ist unser wahres Selbst, und die Grabtücher hindern uns daran, auch unserer Identität entsprechend zu leben. Wie wir noch sehen werden, sind Grabtücher hinderlich und einschränkend. Sie machen uns blind und behindern unsere Bemühungen, wirklich ein anderes Leben zu führen.

Wenn wir beim Namen nennen, was uns gefangen hält, muss uns bewusst sein, dass wir uns möglicherweise in mehrere oder sogar viele Grabtücher verwickelt finden. Manchmal ist es schwer zu sagen, wo das eine Tuch endet und das nächste beginnt. Doch durch Nachdenken, Reflektieren und Gebet können wir ergründen, was uns daran hindert, mit dem Abwickeln der Grabtücher zu beginnen und auf Jesus zuzugehen – die Quelle des Lebens.

Selbstablehnung

Während eines Seelsorgegesprächs bekannte Julie Gwen und mir: „Ich hasse mich." Auf die Bitte hin, das genauer zu erklären, trug sie eine Litanei vor, die wie auswendig gelernt klang. Sie begann mit dem, was sie an ihrem Äußeren nicht mochte. Sie sei „zu klein, zu dick und zu gewöhnlich", als dass ein Mann sie attraktiv finden würde. Dann beschrieb sie, wie nutzlos sie sich an ihrem Arbeitsplatz fühlte und wie unsicher in ihren Freundschaften.

Nachdem sie einige Minuten zugehört hatte, fragte Gwen: „Was glaubst du, warum Gott dich liebt?" Die Frage brachte Julies Litanei des Selbsthasses zum Verstummen. Im weiteren Verlauf des Gesprächs deckten wir die Unwahrheiten auf, die sie gefangen hielten. Julie fühlte sich nicht als ein von Gott geliebter Mensch, weil sie diesen Lügen über sich selbst Glauben schenkte. Diese Lügen waren bis in Julies Herz vorgedrungen und bildeten ein Grabtuch der Selbstablehnung, das ihr das Herz und die geistliche Vitalität abschnürte. Sie fühlte sich nicht würdig, zu leben und frei zu sein.

Mit der Zeit lernte Julie, auf die Stimme der Liebe und nicht länger auf ihre eigene Stimme der Selbstablehnung zu hören. Sie musste sich intensiv damit beschäftigen, die Wurzeln ihrer Minderwertigkeitsgefühle aufzudecken, doch durch Gebet und die Ermutigung von Freunden entdeckte sie ihre wahre Identität. Julie ist heute ein völlig anderer Mensch. Ihr Lächeln ist echt. Ihre Augen leuchten und sie hat eine selbstbewusste Haltung.

Wenn wir anfangen, das furchtbare Grabtuch der Selbstablehnung abzuwickeln, geraten wir in das Spannungsfeld zwischen den negativen Gefühlen, die wir gegenüber uns selbst hegen, und dem Wunsch, uns so anzunehmen, wie Gott uns annimmt. Doch solange wir unsere wahre Identität als die geliebten Kinder Gottes – als die, an denen Gott seine wahre Freude hat – nicht entdecken und annehmen, werden wir nie völlig frei sein von Selbstzweifeln, Niederlagen und innerer Verwirrung.[3]

Wie wir in Kapitel 4 gesehen haben, ruft Jesus uns mit einer Stimme der Liebe. Indem wir erkennen, dass die Selbstablehnung ein Grabtuch ist, lösen wir uns aus seiner Umklammerung und können auf diese Stimme zugehen. Wir bringen das Gespött zum Schweigen und sagen Ja zu dem Jesus, der erklärt: „Ich habe dich schon immer geliebt. Deshalb habe ich dir meine Zuneigung so lange bewahrt ... du gehörst mir" (Jeremia 31,3 und Jesaja 43,1).

Die Selbstablehnung kann einer der schlimmsten Feinde des geistlichen Lebens sein. Dieses gefährliche Grabtuch kann einem Mann das Gefühl vermitteln, unzulänglich zu sein, und eine Frau an ihrer wahren Identität zweifeln lassen. Es beraubt uns der Freude, als die geliebten Kinder Gottes zu leben!

Furcht

James, ein Vertriebsleiter mittleren Alters, kam vor einigen Jahren zu einer unserer Retraiten. Während unseres ersten gemeinsamen Abends erzählte er: „Das, wovor ich mich immer am meisten gefürchtet habe, ist schließlich eingetroffen: Ich wurde heute entlassen." Seine Ängste betrafen nicht nur die Sorge, das Einkommen zu verlieren. Die Furcht hatte sich in seinem Herzen eingenistet und war ein Teil seines Wesens geworden.

Als ich an jenem kühlen Abend in Colorado vom Abnehmen der Grabtücher sprach, sagte James: „Kein Zweifel, die Angst hat mich im Griff und ich muss sie loswerden." Im weiteren Gespräch wurde deutlich, dass James sein Selbstwertgefühl mit seinem Job verbunden hatte. Er verwechselte das, was ihn wirklich ausmachte (seine Seele), mit seiner beruflichen Funktion, und das hatte sein Selbstwertgefühl untergraben, welches wiederum unabhängig von seinem Job sein sollte. Als seine Verkaufszahlen sanken und er die ihm gesetzte Quote nicht erfüllte, stürzte er ab. Nun, als Arbeitsloser, wickelt James ein Grabtuch ab, das ihn jahrelang gefangen gehalten hat. Wer ist James in Wirklichkeit? „Nur" ein Vertriebsleiter oder jemand anderes?

Und wer sind Sie?

James steht nicht alleine da. Meist fällt zuerst gar nicht auf, dass die Furcht ein Grabtuch sein kann. Sie überfliegen diesen Abschnitt vielleicht und sagen: „Das betrifft mich nicht. Ich habe kein Problem mit Angst." Aber schauen wir einmal etwas genauer hin.

Wenn wir uns sicher genug fühlen, um zuzugeben, dass es auch Dinge gibt, die uns belasten, stehen wir vor einem langen Büfett der Angst:

- *Gesundheit* – „Was ist, wenn ich krank werde? Was ist, wenn ich körperliche Einschränkungen erleide? Wer wird für mich sorgen? Werde ich wieder gesund werden?" Viele von uns fürchten sich davor, ihre Unabhängigkeit und ihre Gesundheit zu verlieren.
- *Beziehungen* – „Gibt es jemanden, der mich wirklich liebt? Werde ich jemals heiraten? Was ist, wenn sie mich verlässt? Was ist, wenn er eine Affäre hat?" Die Angst vor dem Alleinsein scheint heutzutage rasant um sich zu greifen.
- *Geld* – „Habe ich genug, um über die Runden zu kommen? Was, wenn nicht? Wie kann ich mit den anderen Schritt halten?" Wir fürchten uns davor, in finanzielle Schwierigkeiten zu geraten oder nicht für unsere Familien sorgen zu können.
- *Geistliches Leben* – „Ist Gott wirklich da? Kümmert er sich um mich? Bin ich auf mich allein gestellt? Wird er meine Gebete erhören?" Die Angst davor, ohne einen festen Halt leben zu müssen, lässt das gesamte Leben wie einen Drahtseilakt erscheinen.
- *Verletzungen* – „Muss ich mit dieser seelischen Verletzung durch das Leben humpeln? Gibt es eine realistische Chance, dass ich mich verändere?" Die Angst, mit demselben Schmerz, derselben Scham oder Sucht für alle Zeit leben zu müssen, kann zerstörerisch sein.
- *Arbeit* – „Bin ich dieser Aufgabe gewachsen? Bringe ich genügend Wissen und Fähigkeiten mit, um überhaupt einen Job zu bekommen? Wie viel muss ich in einem schwierigen Job aushalten?" Wir fürchten, unsere Berufswahl später einmal zu bedauern oder nie einen Arbeitsplatz zu finden, der uns ausfüllt.

Die Furcht findet sowohl subtile als auch aggressive Wege, um uns das Leben schwerzumachen. Sie leiden vielleicht nicht unter einer ausgeprägten Phobie, doch eine tiefsitzende Angst kann Ihnen das Herz abschnüren, ohne dass es Ihnen tatsächlich bewusst ist.

Wenn wir versuchen, uns von einem Grabtuch wie beispielsweise der Furcht zu befreien, kann es keine schnelle Lösung geben. Nachdem wir die Furcht beim Namen genannt haben – was schon an sich ein beängstigender Schritt sein kann –, müssen wir nach den unterschwelligen Gründen suchen, warum sie unsere Seele verstört. Einige dieser Gründe können „stinken", weil sie jahrelang in uns vor sich hingegammelt haben.

So kam zum Beispiel Becca zu mir in die Seelsorge, die Angst vor engen Beziehungen hatte. Als ich sie nach dem Grund dafür fragte, erklärte sie zunächst: „Es hat einfach niemand mehr die Zeit, andere Leute kennenzulernen." Doch in späteren Gesprächen kam ein tieferer Schmerz zum Vorschein. Als Becca jünger war, erkrankte ihre Mutter schwer und musste oft ins Krankenhaus. Später kam ihr älterer Bruder in Vietnam ums Leben. Auf dem College hinterging eine ihrer besten Freundinnen sie und brach die Beziehung ab. Daraufhin beschloss Becca, sich nicht mehr auf enge Freundschaften einzulassen. Furcht hatte sich um ihr Herz, um ihre Freundschaften und ihr Bedürfnis nach Gemeinschaft gelegt. Als sie dieses schimmlige Grabtuch unter die Lupe nahm, fing sie an, sich von der Vergangenheit zu lösen, und erlebte eine bis dato für sie unbekannte Freiheit, Beziehungen einzugehen und zu pflegen.

Wenn wir glauben, dass Gott nicht persönlich zu uns reden kann oder will, dann werden wir ebenfalls im Grab der Furcht gefangen bleiben. Doch dies ist nicht das, was Jesus meinte, als er von dem Leben in ganzer Fülle sprach (Johannes 10,10), den Strömen lebendigen Wassers, die in uns fließen (Johannes 7,38), und der innigen Beziehung zum Vater

(Johannes 17,11). Furcht lässt das Reservoir an lebendigem Wasser in unseren Herzen und Seelen austrocknen.

Was Paulus dem jungen Timotheus zum Abschluss seines Briefes schreibt, kann auch uns trösten, wenn wir Angst haben. Paulus war in einem schrecklichen Gefängnis eingekerkert. Timotheus hatte ihn als engen Mentor verloren. Es schien aus und vorbei zu sein. Paulus wusste, was ihm bevorstand, und versuchte, seinen jungen Freund auf die Geschehnisse vorzubereiten. In der Dunkelheit eines grabähnlichen Gefängnisses schrieb der Apostel die folgenden Worte: „Denn Gott hat uns nicht einen Geist der Furcht gegeben, sondern einen Geist der Kraft, der Liebe und der Besonnenheit" (2. Timotheus 1,7).

Paulus hatte allen Grund, sich zu fürchten, wusste er doch, dass seine Hinrichtung kurz bevorstand. Aber in der erstickenden Dunkelheit hielt er die Kerze der Wahrheit hoch. Furcht kommt nicht von Gott. Sie kommt von einem zitternden Herzen, einer aufgelösten Seele. Furcht entsteht in finsteren Gräbern, wo wir vom Schlimmsten ausgehen. Und dann wird sie mit Geheimnissen, Lügen und Halbwahrheiten genährt. Vielleicht dachte Paulus ja an die Worte des Psalmisten: „Mächtige Fürsten verfolgen mich ohne Grund, doch mein Herz zittert nur vor deinem Wort" (Psalm 119,161), als er an Timotheus schrieb.

Die Stimme der Liebe, die uns aus dem Grab herausruft, ist mächtiger als die Stimme der Furcht, die uns verhöhnt und gleichzeitig lähmen will. Sie erinnert uns daran, dass wir zu Gott gehören und dass uns nichts – auch nicht die Furcht – von ihm trennen kann (nachzulesen in Römer 8,37–39). Wir sind nicht dafür geschaffen, in Gräbern vor uns hinzuvegetieren. Wir sind dazu geschaffen, mit Jesus an unserer Seite durchs Leben zu gehen und lebendig zu sein.

Schuldgefühle

Als ich mich das erste Mal mit Dale traf, fragte ich ihn, warum er zu mir in die Seelsorge hatte kommen wollen. Er hielt inne, holte weit aus und erklärte: „Ich brauche Vergebung für etwas, das vor einundzwanzig Jahren geschehen ist. Ich habe damals ein Mädchen geschwängert und sie hat das Kind aus Angst vor der Zukunft abtreiben lassen. Ich trage diese Schuld wie einen schweren Mantel nun schon seit einundzwanzig Jahren mit mir herum. Ich finde keinen Frieden und keine Freude. Ich brauche Hilfe." Gemeinsam begaben wir uns auf eine Expedition, um Dales Gefühlen von Schuld, Isolation, Einsamkeit und Reue im Gespräch auf die Spur zu kommen. Fehlverhalten und Schuldgefühle gehen Hand in Hand. Nach einem Fehltritt tragen wir das Grabtuch der Schuldgefühle jahrelang, ja manchmal sogar ein Leben lang mit uns herum.

Carol besuchte eine Einkehrtagung bei uns, bei der es um das Praktizieren der geistlichen Übungen Stille und Einsamkeit ging. Diese Übungen fielen ihr schwer, weil sie immer ein schlechtes Gewissen hatte und fürchtete, sie könnte ihre Zeit vergeuden. Sie sagte: „Sollte ich nicht lieber ein Buch lesen oder Tagebuch schreiben oder etwas anderes tun?" Als Carol entdeckte, dass auch Jesus sich regelmäßig in die Einsamkeit zurückgezogen hatte, entspannte sie sich. Diese Entdeckung half ihr, sich von dem falschen Schuldgefühl zu lösen, „für Gott nicht genug zu tun".

Schuldgefühle sind mehr als jedes andere Grabtuch eine schwere Last, die wir in Gemeinden, Kleingruppen, Ehen, Freundschaften und im Beruf mit uns herumschleppen. Frederick Buechner erklärt, warum:

Bei Schuldgefühlen – persönlichen wie kollektiven – besteht weniger die Gefahr, dass wir sie uns nicht zu Herzen nehmen, als vielmehr, dass wir sie uns zu sehr zu Herzen nehmen und sie dort auf vielerlei Arten schwären lassen, ohne uns das

146

selbst bewusst zu machen ... Es ist ungefähr genauso schwer,
sich selbst die Absolution zu erteilen, wie bei sich selbst auf
dem Schoß zu sitzen.[4]

Gott gebraucht die Schuldgefühle, die wir oft nach einem
Fehlverhalten empfinden, um uns zurück in die vertraute
Gemeinschaft mit ihm zu rufen. Nach seinem ehebrecheri-
schen Stelldichein mit Bathseba klagte König David: „Meine Schuld ist mir über den Kopf gewachsen. Wie schwer ist
diese Last! Ich breche unter ihr zusammen" (Psalm 38,5;
Hoffnung für alle). In einem noch früheren Psalm schrieb
David ebenfalls von seinem Kampf mit Schuldgefühlen:
„Als ich mich weigerte, meine Schuld zu bekennen, war
ich schwach und elend, dass ich den ganzen Tag nur noch
stöhnte und jammerte ... Doch endlich gestand ich dir meine Sünde und gab es auf, sie zu verbergen. Ich sagte: ‚Ich
will dem Herrn meine Auflehnung bekennen.' Und du hast
mir vergeben und meine Schuld weggenommen!" (Psalm
32,3.5). David beschreibt ein starkes Schuldgefühl, das kein
Grabtuch, sondern ein Werkzeug des Heiligen Geistes ist.
C. S. Lewis sagte einmal, dass Gott echte Schuldgefühle als
„inneres Warnsystem" gebrauche, das anzeige, wann wir
auf einem Irrweg seien. Doch nicht alle Schuldgefühle sind
gesund und nicht alle Schuldgefühle sind ein Hinweis auf
Fehlverhalten.

Wenn wir von anderen beurteilt, kritisiert und verurteilt werden, kann uns das in einen tiefen Abgrund falscher
Schuldgefühle stürzen. Der Schweizer Psychologe Paul
Tournier sagte einmal, falsche Schuldgefühle entstünden
„infolge menschlicher Beurteilungen und Unterstellungen".
Ein einundzwanzigjähriger Student beschrieb seinen Kampf
mit falschen Schuldgefühlen wie folgt: „Wenn ich einen Fehler mache, führt mein Vater sich auf, als sei er Richter, Ge-
schworener und Henker in einer Person. Er vermittelt mir
das Gefühl, völlig wertlos zu sein." Falsche Schuldgefühle

lassen uns resigniert zusammensinken, statt uns zu ermutigen, aktiv zu werden und das Grab zu verlassen.

Falsche Schuldgefühle flüstern uns ein, dass wir noch mehr hätten tun sollen oder können – oder vielleicht sogar etwas ganz anderes. Das nagende Gefühl, dass wir dieses oder jenes im Leben, im Beruf oder in der Ehe hätten tun oder lassen sollen, raubt uns das Leben und die Freiheit.

Nachdem ich vor einigen Jahren während einer Retraite einen Vortrag über das Grabtuch der Schuldgefühle gehalten hatte, kam ein Mann auf mich zu. Er erzählte, dass sein Sohn fünf Jahre zuvor bei einem tragischen Jagdunfall ums Leben gekommen sei. Der Vater fühlte sich dafür verantwortlich. Er fragte: „Warum konnte ich das nicht verhindern? Warum hat die Kugel nicht mich getroffen?" Als wir über das Unglück sprachen, wurde klar, dass dieser Mann seit dieser Zeit schreckliche Schuldgefühle hatte, die ihn schier lähmten. Gemeinsam baten wir Gott darum, ihn von den Schuldgefühlen zu befreien und ihm den Frieden schenken, der uns in der Heiligen Schrift verheißen ist. Wir baten um einen Frieden, der größer ist, als unser menschlicher Verstand es je begreifen kann (Philipper 4,7). Später erzählte mir der Mann, er habe das Gefühl, als sei ihm eine schwere Last von den Schultern genommen worden. Zweifellos wird er weiter daran arbeiten müssen, das Grabtuch der Schuldgefühle abzuwickeln, bis er sich angesichts des Todes seines Sohnes nicht mehr so schrecklich fühlt, doch eine Lage Schuldgefühle war entfernt worden.

Gott gebraucht Schuldgefühle auch, damit wir nicht leichtfertig über Fehlverhalten hinweggehen. Doch „etwas Schlechtes zu tun" ist nicht dasselbe wie „schlecht zu sein". Wenn wir uns schlecht fühlen, verdammen uns die kleine Stimme in unserem Inneren oder aber andere Menschen. Dieses Gefühl führt wiederum zu Minderwertigkeitsgefühlen, die Gottes Vergebung untergraben und uns nicht länger daran glauben lassen, dass wir uns getrost selbst annehmen können, wenn sogar Gott das tut. Minderwertigkeitsgefühle sind ein Signal dafür, dass es da noch Grabtücher gibt, die wir abwickeln sollten.

Wenn wir uns jedoch mit den Wahrheiten beschäftigen, die wir in der Bibel finden, lockert das den Griff der Schuldgefühle und bringt ihre hässlichen, quälenden Stimmen zum Schweigen. Lesen Sie dazu, was Paulus im Römerbrief schreibt:

Also gibt es jetzt für die, die zu Christus Jesus gehören, keine Verurteilung mehr. Denn die Macht des Geistes, der Leben gibt, hat dich durch Christus Jesus von der Macht der Sünde befreit, die zum Tod führt (Römer 8,1–2).

Bei Jesus finden wir die Kraft, um das Grabtuch der Schuldgefühle abzulegen und die fließenden Gewänder eines Sohnes oder einer Tochter Gottes anzulegen.[5]

Scham und Selbstvorwürfe

Scham und Selbstvorwürfe sind schädliche und schwer zu entwirrende Grabtücher, weil wir oft nicht sehen können, was sie anrichten – sie vollbringen ihr Werk, mit dem bloßen Auge nicht erkennbar, im Inneren eines Menschen. Häufig ist in der Vergangenheit eines Menschen etwas geschehen, das bis zum gegenwärtigen Tag nicht geklärt ist, und die Grabtücher Scham und Selbstvorwürfe versuchen, die Wunde zu bedecken, und hindern das Herz daran, kräftig und lebendig zu schlagen. Scham und Selbstvorwürfe verursachen eine Infektion, die sich rasend schnell im Fühlen und Denken desjenigen ausbreitet, der diese äußerst stinkenden Grabtücher trägt. Die Grabtücher Scham und Selbstvorwürfe können aus Gefühlen der Unzulänglichkeit gewebt sein, aus falschem Verhalten, aus Lügen über unsere wahre Identität als Gottes geliebte Söhne und Töchter und etlichen anderen Stoffen. Was auch immer ihre

Ursache ist – alle Entzündungsherde müssen gesäubert werden, damit Herz und Verstand nicht länger vergiftet werden und wir auf Jesus zugehen können.

Betsy legte unbewusst die Grabtücher Scham und Selbstvorwürfe an, als sie als Kind belästigt und missbraucht wurde. Sie fühlte sich aufgrund dieser Erfahrungen wertlos. Betsy trug diese Grabtücher auch noch in ihrer Hochzeitsnacht, als sie ihrem frischgebackenen Ehemann gestand, dass sie sich vor den Intimitäten fürchtete.

Auch Bill ist ein Beispiel dafür, wie man sich in Scham und Selbstvorwürfe verstricken kann. Für Bill begann es damit, dass er sich von seiner Frau scheiden ließ – etwas, das in seiner langen Reihe christlicher Vorfahren als undenkbar und verabscheuungswürdig galt, so war es ihm zumindest als Vermächtnis eingetrichtert worden. Bill war der Erste aus dieser Familie mit einem weit zurückreichenden christlichen Stammbaum, dessen Ehe scheiterte. Er verurteilte sich selbst dafür und hatte Minderwertigkeitsgefühle, wenn er sich mit den anderen Familienmitgliedern verglich.

Die Grabtücher Scham und Selbstvorwürfe wickeln sich um unser Herz, wenn uns etwas aus der Vergangenheit bis in die Gegenwart hinein verfolgt, das sich nicht „sauber", nicht richtig oder nicht „christlich" anfühlt. Wenn wir diese Grabtücher tragen, wenn wir uns selbst für eine Niete, für einen Versager oder Schwächling halten, sabotieren wir damit unsere wahre Identität als geliebtes Kind Gottes. Wir verkaufen uns weit unter Wert.

Jerry wurde in eine rassistische Familie hineingeboren. Man brachte ihm bei, Menschen anderer Hautfarbe zu hassen. Jahrelang nahm Jerry an Veranstaltungen teil, bei denen die gleichberechtigte Anerkennung von Menschen mit anderer Hautfarbe verunglimpft wurde. Vor einigen Jahren wurde Jerry Christ, und heute schämt er sich dafür, dass er einmal begeisterter Anhänger einer rassistischen Gruppierung war. Doch das war früher. Wie soll Jerry mit dem

Gefühl von Scham und den Selbstvorwürfen umgehen, die er heute als Christ empfindet? Dies ist eine wichtige Frage, der wir nachgehen müssen, weil es viele Jerrys auf der Welt gibt, die unter etwas leiden, das im Grunde Geschichte ist. Während ihrer Zeit auf der Highschool bzw. auf der Universität trug Mary, eine schöne junge Frau, einen Ring, der für die Entscheidung stand, vor der Ehe keinen Sex zu haben. Sie hatte ihn von ihren Eltern zu ihrem dreizehnten Geburtstag geschenkt bekommen und beschlossen, sich bis zur ihrer Hochzeitsnacht für ihren Ehemann „aufzuheben". Sie erzählte mir, dass sie sich in Grund und Boden schäme, weil es ihr nicht gelungen sei, ihr Versprechen einzuhalten. Sie hatte an der Uni einen jungen Mann kennengelernt, der auch Mitglied ihrer christlichen Studentengruppe war. Aus Liebe wurde Leidenschaft und Mary büßte ihre Jungfräulichkeit ein. Die Scham legte sich wie eine Kette um sie und raubte ihr Freude und Freiheit.

Wenn wir einen Blick unter unsere eigenen Grabtücher riskieren, merken wir, dass die Grabtücher von Jerry und Mary gar nicht so außergewöhnlich sind. Auch wir stoßen unter Umständen auf unzählige Dinge, auf die wir nicht besonders stolz oder die uns peinlich sind: Vorurteile, Eifersucht, Armut, finanzieller Erfolg, ein Mangel an Bildung oder beruflichen Erfolgen, körperliche „Makel", die wir zu verbergen versuchen, religiöse Vermächtnisse wie stockkonservative Glaubensüberzeugungen und Traditionen oder die Mitgliedschaft bei fragwürdigen Gruppierungen, die unseren Verstand genauso gefesselt haben können wie unser Herz.

Scham und Selbstvorwürfe sind Zwillinge, die uns ständig etwas unter die Nase reiben: wiederholte Fehler, Ereignisse aus unserer Vergangenheit und unsere gescheiterten Versuche, uns zu ändern. Sie fesseln uns an die Vergangenheit. Die Selbstvorwürfe sagen: „Ich habe etwas Schlechtes gemacht." Die Scham sagt: „Ich bin schlecht." Wenn wir mit den Grabtüchern Scham und Selbstvorwürfe leben, fühlen wir uns bereits disqualifiziert, ehe wir uns überhaupt auf den Weg zu Jesus gemacht haben. Die Füße mit Selbstvorwürfen gefesselt und die Herzen mit Scham gebunden, stolpern wir so dahin, aber wir leben nicht richtig. Wiederholt gescheiterte Änderungsversuche scheinen das „Grabtuchproblem" zu verschärfen, denn nun bekommen wir es zudem noch mit der Scham zu tun, dass wir niemals in der Lage sein werden, den Kreislauf zu durchbrechen und das Gefühl loszuwerden, dass wir in der Falle sitzen.

Der Humorist Mark Twain brachte das einmal auf den Punkt. Er sagte: „Der Mensch ist das einzige Tier, das errötet oder erröten sollte." Ich bin schon oft vor Scham errötet und weil ich mir wegen etwas Vorwürfe machte. Wenn ich beispielsweise einen meiner Söhne anbrülle, statt der Situation angemessen zu reagieren, flüstern die Selbstvorwürfe: „Steve, er wird dich dafür hassen. Du hast alles nur noch schlimmer gemacht." Und die Scham fügt hinzu: „Steve, du bist ein schlechter Vater. Du wirst es nie richtig machen!"

Weil sie ihr wahres Gesicht nicht zeigen wollen, können Scham und Selbstvorwürfe sich auch darauf verlegen, uns Pfeile tief ins Herz zu schießen. Manche dieser Botschaften treffen emotionale Adern, die noch Jahre später bluten. Wir haben das Gefühl, unheilbar verwundet zu sein. Doch es gibt ein paar Dinge, die wir tun können, um die flüsternden Stimmen von Scham und Selbstvorwürfen zum Schweigen zu bringen:

- Wir rufen uns jeden Tag ins Gedächtnis, wer wir in Wahrheit sind, indem wir ausgewählte Bibelstellen lesen, die uns die Wahrheit über uns vor Augen führen: Wir werden von Gott geliebt – ohne Wenn und Aber![6]
- Wir rufen uns ins Gedächtnis, dass Gottes Liebe vollkommen und bedingungslos ist. Diese Liebe beruht nicht auf unserer Fähigkeit, uns lieben zu lassen. Gottes Liebe

beruht auf der Tatsache, dass Gott sich dafür entschieden hat, uns zu lieben.

- Wir gebrauchen unsere eigene Stimme, um die Zwischenrufe zum Schweigen zu bringen. Wir trainieren unsere Stimme, das heißt, wir lernen, Scham und Selbstvorwürfe bestimmt und selbstbewusst als Lügner und Betrüger zu bezichtigen. Mit zunehmendem Selbstbewusstsein finden wir Heilung und den Mut, uns gegen ihre Sabotageakte zur Wehr zu setzen.
- Der Giftmüll von Scham und Selbstvorwürfen muss entsorgt werden. Paulus hat gesagt, dass wir alles daransetzen sollen, dass die Tatsache, dass wir gerettet sind, sich in unserem Leben auswirkt (Philipper 2,12), und dazu gehört auch, dass wir die Verschmutzung beseitigen, die in unser Herz eingedrungen ist. Dazu ist es hilfreich, auf die Stimme der Liebe hören zu lernen, geistliche Übungen zu praktizieren und uns von Menschen, die uns lieben, positive Dinge zusprechen zu lassen.
- Eine gut funktionierende christliche Gemeinschaft hört auf die Wahrheit, begegnet anderen liebevoll und schenkt Annahme. Eine biblische Gemeinschaft, die im Namen Jesu ausgeübt wird, kann die Grabtücher abwickeln, die uns gefangen halten. So wie Jesus „voll Gnade und Wahrheit" war (Johannes 1,14), können dies auch geistliche Gemeinschaften sein.
- Bei speziellen Grabtüchern kann es hilfreich sein, eine Vertrauensperson, einen Mentor oder Pastor um Unterstützung zu bitten. Auch ich brauchte die liebevolle und vertrauenswürdige Hilfe von Freunden, die viel weiser sind als ich, um zu erkennen, wo ich überhaupt mit dem Abwickeln der Grabtücher beginnen konnte. Das hat mir dabei geholfen zu lernen, bei welchen Grabtüchern ich selbst Hand anlegen kann und welche ich Jesus mit der Bitte um seine Hilfe zu Füßen legen muss!

Es ist von entscheidender Bedeutung, dass wir Scham und Selbstvorwürfe beim Namen nennen, um ihre Absichten und Methoden zu durchschauen. Ihre hässlichen Stimmen übertönen die Stimme der Liebe, die uns aufruft weiterzugehen, und vermitteln uns das Gefühl, unzulänglich, hilflos, schwach, unsicher, unterlegen, unwürdig und verängstigt zu sein.

Enttäuschung

Manchmal frage ich mich, ob Lazarus wohl mit einem Hauch von Enttäuschung zu kämpfen hatte, weil Jesus nicht rechtzeitig gekommen war. Groll, Wut, Bitterkeit und Enttäuschung können nämlich ebenfalls dafür sorgen, dass wir nur langsam weiterkommen. Was wäre geschehen, wenn Lazarus vor dem Eingang des Grabes stehen geblieben und in Selbstmitleid versunken wäre, seine Wunden geleckt und Gott gegenüber Groll gehegt hätte? Wir können unsere Last auf dem Weg zu Jesus ein wenig leichter machen, wenn wir unsere unversöhnliche Haltung gegenüber denen, die uns verletzt oder enttäuscht haben – und das schließt Gott mit ein –, ablegen.

Im 2. Kapitel sind wir der Frage nachgegangen, inwieweit unsere Erwartungen an Gott und andere Menschen uns beeinflussen. Wenn wir von Gott enttäuscht sind oder jemand anders uns übervorteilt hat, sei es aus Versehen oder absichtlich, dann kann uns die Enttäuschung daran hindern, auf Jesus zuzugehen. Wir können so sehr auf unserem Recht bestehen, „der Enttäuschte" oder „die Verletzte" zu sein, dass unsere Erwartungen zu einer schweren Last werden.

Vor einigen Jahren wurde ich von einem guten Freund betrogen. Es kam mir so vor, als hätte man mir einen tödlichen Hieb versetzt. Ich leckte meine Wunden und hielt es für mein gutes Recht, beleidigt zu sein. Doch ich war mir gleichzeitig bewusst, dass ich diese unversöhnliche Haltung eigentlich ablegen und nicht länger den Beleidigten spielen sollte. Diese Erkenntnis besänftigte den Zorn auf meinen Freund ein wenig. Ich war in der Lage zu erkennen, dass er sich mit mir versöhnen wollte, und letztlich konnte ich mich daranmachen, dieses spezielle Grabtuch abzuwickeln. Dazu brauchte ich die Hilfe weiser Freunde und Vertrauenspersonen, die mir halfen, die Schichten verletzter Gefühle und die in meinem Herzen entstandene Infektion aufzudecken, die der Schmerz, die Enttäuschung und die Fassungslosigkeit über eine zerbrochene Freundschaft verursacht hatten. Es brauchte Zeit, Liebe und Geschick, damit ich frei werden und den Schmerz wirklich loslassen konnte. Weil die Wunde so tief war, glich das Entfernen dieses Grabtuchs mehr einem Prozess als einem einmaligen Akt.

Wenn wir zugeben, dass wir manchmal von Gott, anderen Menschen und uns selbst ziemlich enttäuscht sind, befreit uns das ein Stückchen mehr von alten „Grabtüchern", und wir können unsere Erwartungen ergründen und zur Wurzel dessen vordringen, was unseren Schmerz verursacht.

Die Last leichter machen

Bei einer tatsächlichen Veränderung geht es immer weitaus chaotischer zu, als wir erwarten würden. Manchmal genügt es schon, an einem einzigen Grabtuch sanft zu zupfen, und schon beginnt sich alles aufzuribbeln. Wenn das geschieht, glauben Sie vielleicht, dass Sie niemals den Anfang finden werden, und vielleicht brauchen Sie viele Helfer, die Sie befreien. Es kann sogar sein, dass Sie das Gefühl haben, Ihre Zeit zu vergeuden. Doch bedenken Sie, wie viel besser Sie in der Lage sein werden, sich selbst, Gott und andere zu lieben, wenn Sie frei von diesen Bindungen sind.

Vielleicht hilft es Ihnen, sich vor Augen zu führen, wie es dem Apostel Paulus in dieser Hinsicht erging. Als führender Kopf der Pharisäer war Paulus verantwortlich für die Verfolgung und die Ermordung der ersten Nachfolger von Jesus Christus. Er betrachtete es als seine Pflicht, die Welt von dem zu befreien, was er für eine unberechtigte Verunstaltung des jüdischen Glaubens hielt.

Nachdem sein Leben auf dem Weg nach Damaskus völlig auf den Kopf gestellt worden war, verbrachte Paulus drei Jahre in der arabischen Wüste (nachzulesen in Galater 1,17–18). Ganz richtig: drei Jahre Wüstenleben! In der Wüste wurde aus Paulus Schritt für Schritt ein anderer Mensch. Dort arbeitete er bewusst auf, was ihn belastete – sein Bedauern und vielleicht auch die Scham für das, was er getan hatte. Die Stille war Balsam für sein wundes Herz, er fand Kraft im Gebet, und hier wurde auch die Saat für viele der Briefe gelegt, die er schließlich an die neutestamentliche Gemeinde schrieb.

War das Zeitverschwendung? Wurde irgendetwas „erledigt"? Hätte Paulus sich nicht die Zeit genommen, die Grabtücher beim Namen zu nennen, hätte er in späteren Jahren zweifellos nicht diesen gewaltigen Einfluss ausüben können. Paulus arbeitete daran, sein inneres Leben zu stärken, seinen Glauben zu kräftigen und in seiner Beziehung zu Jesus zu wachsen, ehe er seinen offiziellen Dienst begann. Er war nicht vollkommen, als er aus der Wüste kam, aber er hatte viele Grabtücher abgelegt, die ihn früher einmal gebunden hatten.

Es scheint unendlich viele mögliche „Grabtücher" zu geben. Vielleicht sind Ihnen beim Lesen ja noch einige andere in den Sinn gekommen, die Sie bei sich oder jemandem aus Ihrem Bekanntenkreis sehen. Aber lassen Sie sich nicht entmutigen – die Stimme der Liebe ist stärker als alles, das Sie bindet. Wenn Sie sich mit Ihren Grabtüchern beschäftigen, dann seien Sie offen für die Stimme der Liebe, die Sie zu sich ruft – die Sie auffordert, Beschränkungen abzulegen und die wunderschönen bunten Kleider der Gnade anzuziehen.

Kapitel 8

Die Grabtücher entfernen
Die Unterstützung einer liebevollen Gemeinschaft in Anspruch nehmen

„Jesus sagte: ‚Löst die Binden und lasst ihn gehen!'"
Johannes 11,44

- Wir sind darauf angewiesen, dass andere uns im Veränderungsprozess unterstützend begleiten.
- Wir können jedoch von keiner Gemeinschaft erwarten, dass sie Jesus ersetzt.
- Jesus wiederum entließ die Gemeinschaft nicht aus ihrer Pflicht.
- Eine verändernde Gemeinschaft ist eine Gemeinschaft von Menschen, die die Erfahrung der Auferstehung machen.

Jesus hätte Lazarus die Grabtücher spielend leicht selbst abnehmen können. Dieselbe Kraft, die Lazarus zum Leben erweckte, hätte auch die eng um ihn gewickelten Grabtücher in ihre Bestandteile auflösen und Lazarus befreien können! Jesus hätte auch ein paar Schritte auf Lazarus zugehen, sich vor ihn hinknien und dann sanft ein Tuch nach dem anderen abwickeln können. Stattdessen bat Jesus die Umstehenden – die Freunde von Lazarus – um ihre Mithilfe bei der Entfernung der Grabtücher, in die Lazarus eingewickelt war. „Löst [ihr] die Binden und lasst ihn gehen!" Jesu Absicht ist unmissverständlich: Wir sollen einander dabei helfen, die Dinge abzulegen, die uns in geistlicher Hinsicht behindern.

Wie ich bereits erwähnte, leiten Gwen und ich ein Einkehrzentrum in Colorado, das „Potter's Inn at Aspen Ridge". Die Menschen kommen an diesen Ort, um die Bibel zu studieren, zu entspannen, zu reden und um zu lernen, wie man sich verändern und die eigene Seele pflegen kann. Von unserer Ranch aus hat man einen malerischen Blick auf wunderschönes Weideland, auf dem herrliche Pappeln stehen, die für Colorado ganz typisch sind. Wenn der kühle, trockene Wind durch die Rocky Mountains weht, hört man in der ganzen Gegend das Rascheln der zitternden Blätter dieser weißrindigen Bäume. Sobald die Blätter im September ihr letztes Grün verlieren, beginnt ein Feuerwerk in Gold und Gelb. Touristen aus der ganzen Welt strömen herbei, um diese Pracht zu bewundern.

Pappeln stehen in freier Wildbahn nie für sich alleine. Diese Bäume wachsen in Gemeinschaft. Ihre Wurzeln verflechten sich unter der Erde und so entsteht aus einer Baumgruppe ein einziger großer Baum. In der Tat wurde ein riesiger, prächtiger Pappelhain von Biologen zum größten lebendigen Organismus der Welt erklärt.

Die Geschichte von Lazarus greift die geistliche Lektion des Pappelhains auf: Auf uns allein gestellt können wir nicht wachsen. Es war auch nie vorgesehen, dass wir uns alleine durchschlagen müssen, wenn wir aus dem Grab kommen. Wir können von Lazarus lernen, dass unsere Wurzeln mit denen von anderen verflochten sind. Jesus möchte, dass wir uns in eine Gruppe integrieren und uns von Freunden helfen lassen, ein anderer Mensch zu werden.

Ein ernüchterndes Geständnis

Das folgende Geständnis fällt mir nicht leicht: Wenn ich mich geistlich weiterentwickle, erlebe ich die Unterstützung von anderen nicht immer so, wie ich mir das wünsche. Wenn es in der Vergangenheit ganz schlimm war, dann habe ich mich so manches Mal gefragt, wo meine Freunde überhaupt stecken. Ich habe mich gefragt, ob sich überhaupt jemand für mich interessiert. Es gibt Zeiten in meinem Leben, da fühle ich mich weniger wie ein Teil eines Pappelhains, sondern eher wie eine zarte, junge Pinie, die allein auf weiter Flur steht.

Familienanschluss gesucht
Als junger Christ freute ich mich darauf, Brüder und Schwestern, ja sogar Mütter und Väter zu finden, die mir helfen könnten, im Glauben zu wachsen. Das im christlichen Glauben häufig gebrauchte Bild von der Familie sprach mich zutiefst an. Das klang nach einem Ort, an dem man wirklich dazugehörte. In meiner Vorstellung wurde schon mal in Erwartung der demnächst nach Hause kommenden verlorenen Söhne das gemästete Kalb gegrillt. Ich suchte in Kleingruppen, Gemeindeveranstaltungen und der Gemeinschaft „miteinander"[1] nach dem, was ich für den „ganz normalen" christlichen Lebensstil hielt.

Und ich habe festgestellt, dass ich mit meiner Suche nach echter Gemeinschaft nicht alleine stehe. Viele von uns suchen danach. Aber oft lässt uns diese Suche nach einem Ort, an dem wir wirklich dazugehören, und nach Menschen, die wir an unserem Leben teilhaben lassen können (und die uns wiederum an ihrem Leben teilhaben lassen), enttäuscht und desillusioniert zurück. Egal, wie sehr wir uns auch darum bemühen, egal, an wie vielen Orten wir suchen: Freundschaften und Gemeinschaft bleiben manchmal oberflächlich und befriedigen die Seele nicht. Wir sehnen uns nach der Art von Freundschaft, die David und Jonathan oder Ruth und Naomi verbunden hat, doch wer hat bei der heutigen Geschäftigkeit überhaupt noch die Zeit, solche Freundschaften zu pflegen? Obwohl sie ursprünglich als Ort der Gemeinschaft gedacht waren, verkommen Kirchenkaffee & Co. nicht selten zu Plauderzeiten, in denen wir belanglose Geschichten vom Urlaub und den Kindern zum Besten geben.

Gott führt mir immer wieder neu vor Augen, dass die Menschen in jeder Gruppe, jeder Familie und jeder Gemeinde ihre eigenen Grabtücher tragen. Genau wie ich. Aber ich neige dazu, das zu vergessen, und hoffe dann, dass gerade diese Gruppe der Ort sein könnte, an dem ich mich mit einem für mich wichtigen Thema auseinandersetzen kann und alle meine Bedürfnisse gestillt werden – endlich.

Doch die Realität sieht anders aus. Rick taucht bei jedem Hauskreistreffen mit dem Grabtuch der Selbstablehnung auf und sagt deshalb überhaupt nichts oder spricht über Belangloses, weil er schon seit Jahren fürchtet, dass man ihn auslacht. Denise trägt das Grabtuch der Scham und Selbstvorwürfe, weil sie es nicht regelmäßig in den Hauskreis schafft. Sie ist beruflich mehrere Tage in der Woche unterwegs und hat einen sehr unregelmäßigen Dienstplan. Sie hat bereits angedeutet, dass sie darüber nachdenkt, aus der Gruppe auszuscheiden, weil sie „sich so schlecht fühlt". Rita ist erst kürzlich zum Glauben gekommen und zitiert mit Vorliebe Bibelverse, auch wenn sie damit anderen ins Wort fällt oder vom Thema abkommt. Sie hat oft „ein Wort vom Herrn" für uns, aber keinerlei Gespür für die Bedürfnisse der anderen Gruppenmitglieder. Jim kommt nur sporadisch. Er arbeitet lange und hasst seinen Job, traut sich aber nicht, in der Gruppe darüber zu reden, weil unser jüngstes Hauskreismitglied, Jeannie, für dieselbe Firma arbeitet und ihre Stelle als „Gebetserhörung" empfindet. Ich komme mit meinem eigenen Päckchen an alten Wunden zu unseren Treffen und zögere, mich den anderen anzuvertrauen, aus Furcht, wieder enttäuscht zu werden.

Jeder von uns trägt irgendetwas mit sich herum, das ihn belastet. Dennoch hängen wir die Messlatte für andere gleichzeitig sehr hoch – und kommen dann mit Erwartungen zur Arbeit, in die Gemeinde und an den Frühstückstisch, die oft enttäuscht werden. Mit den Jahren blicken wir auf eine lange Reihe enttäuschender Erfahrungen im zwischenmenschlichen Bereich zurück. Deshalb zögern wir, uns auf diesen wichtigen Schritt einzulassen, wenn wir uns weiterentwickeln wollen. Wir gehen lieber auf Nummer sicher, indem wir die richtigen Lehrsätze auswendig lernen – wir wissen dann zwar die Wahrheit über Jesus, erleben aber keine innige Gemeinschaft untereinander. Wenn wir uns bewusst machen, dass jeder von uns in irgendeiner Form ein Grabtuch trägt, hilft uns das, den kritischen Blick durch Erbarmen und Verurteilung durch Verständnis zu ersetzen.

Die Binden behutsam lösen

Als sich unser jüngster Sohn Leighton nach einem geplatzten Blinddarm von mehreren Unterleibsoperationen erholen musste, kümmerten sich spezielle Pflegerinnen um ihn, die scheinbar endlos viel Zeit damit verbrachten, die Verbände zu wechseln. Zuerst trugen sie spezielle Salben auf, die dafür sorgten, dass die Verbände nicht länger an seinen Operationswunden hafteten. Sie wussten, dass sie Leighton auch bei aller Vorsicht noch größere Schmerzen zufügen würden, wenn sie zu fest an den Verbänden zogen. Wenn Sie meinen Sohn fragen, woran er sich am lebhaftesten erinnert, wenn er an die einunddreißig Tage denkt, die er auf der Intensivstation verbringen musste, so ist das schmerzhafte Wechseln der Verbände bis heute die schlimmste Erinnerung für ihn.

Wenn wir versuchen, einander zu unterstützen, dann richten wir trotz bester Absichten manchmal mehr Schaden an, als dass wir tatsächlich helfen. Vielleicht flößt uns das Grabtuch eines anderen Menschen Unbehagen ein, und deshalb versuchen wir, es abzureißen. Vielleicht ziehen wir auch so schwunghaft daran, dass unter der ersten Schicht weitere schmutzige Lumpen zum Vorschein kommen und der Betroffene sich dann dafür schämt. Oder in unserem Bemühen, anderen Menschen beim Abwickeln ihrer Grabtücher zu helfen, sind wir manchmal so eifrig, dass sich der andere schon dafür schämt, überhaupt in einem Grab zu stecken.

Eine Frau erzählte mir einmal davon, dass ihre stinkenden Grabtücher ihren kleinen Hauskreis überforderten. Das Thema des Abends lautete, dass Gott sich nie von uns abwenden oder uns im Stich lassen wird. Der Gesprächsleiter machte seine Sache hervorragend, ging eine passende Bibelstelle Vers für Vers durch und betonte, wie wahr es doch sei, dass Gott uns nicht in der Klemme stecken lässt.

Das Gespräch ging erst da den Bach runter, als diese Frau, die Mitte dreißig ist, die Hand hob: „Diese Verse klingen ja wirklich wunderbar, aber [und jetzt kam die Bombe] seit ich fünf war, verbrachte ich im Sommer immer zwei Wochen bei meinen Großeltern. Gleichzeitig kam auch immer ein Cousin zu Besuch, der mich in einen Schuppen mitnahm, wo er mich sexuell belästigte und missbrauchte. Das geschah mehrere Jahre lang jeden Sommer. Wo, glaubt ihr, war Gott, während ich im Holzschuppen war? Warum hat er mich nicht beschützt? Warum hat er nicht eingegriffen?"

Nach einem Moment peinlicher Stille sagte der Gruppen-leiter: „Wirklich zu schade, aber wir müssen jetzt Schluss machen. Danke für deinen Beitrag. Nächste Woche werden wir uns mit Gottes Souveränität befassen." Er schloss mit einem Gebet, und als sich die Gruppe langsam auflöste, um nach Hause zu gehen, raschelten alle mit ihren Unterlagen und schienen bemüht, nur nicht mit dieser Frau sprechen zu müssen. Anstatt sich mit ihrer legitimen Frage angenommen zu fühlen, hatte diese Frau den Eindruck, dass man sie igno-rierte, und schämte sich sogar für das, was sie gesagt hatte.

Eine andere Freundin, die geschieden ist, erzählte uns von einem Erlebnis, das sie kürzlich hatte, als sie eine ihr noch fremde Gemeinde besuchte. Ihr fiel ein Aushang für eine „Party für Paare und heiße Ware" ins Auge. Das war ein von den Veranstaltern sicherlich nett gemeinter Versuch, Singles in diesen geselligen Abend miteinzubeziehen, doch unsere Freundin klagte, dass der Ausdruck „heiße Ware" sie innerlich zusammenzucken ließ. Sie hatte das Gefühl, dass ihr neu gefundenes Singledasein in dieser Gemeinde auf wenig Verständnis stoßen würde, wenn sie auf eine „Wa-re" reduziert würde. Sie ist nie wieder dorthin gegangen, weil sie fürchtete, dass ihre alten Wunden wieder aufreißen könnten.

Wir versuchen häufig, anderen Menschen eine schnelle Lösung anzubieten, indem wir einen Bibelvers zitieren oder ihnen von einem Buch erzählen, das wir gelesen haben. Wir versuchen, ihre Binden abzureißen, oder verschließen die Augen vor denen, die wir lieber nicht sehen wollen. Wenn jemand Schmerz beschreibt – ob er nun akut ist oder bereits „Geschichte" –, versuchen wir, die Angelegenheit schönzu-reden, anstatt einfach nur zuzuhören. Wenn wir erkennen, wie oft uns das selbst passiert, können wir auch verstehen, warum es so schwierig ist, eine Gemeinschaft zu finden, die tatsächlich so „funktioniert", wie Gott sich das vorgestellt hat.

Realistische Erwartungen

Keiner von uns nutzt jede sich ihm bietende Gelegenheit, um anderen der Freund zu sein, der wir eigentlich sein wollen. Was wiederum dazu führt, dass wir ein schlechtes Gewissen bekommen. Es tut uns weh. Trotzdem möchten wir immer noch versuchen, anderen ein Freund zu sein. Und das sollten wir auch.

Wenn wir uns mit der Frage befassen, was es heißt, Teil einer Gemeinschaft zu sein, so sollten wir dabei nicht vergessen, dass Freunde kein Ersatz für Jesus sind. Manchmal habe ich nämlich riesige Erwartungen an die falschen Leute gestellt. Ich habe von meinen Freunden erwartet, dass sie mich retten, und dabei vergessen, dass Jesus mein Retter ist.

Eine Gemeinschaft, so wunderbar sie auch sein kann, kann uns einfach nicht das geben, was Jesus uns gibt. Anhand welcher Kriterien suchen wir dann also nach einer Gemeinschaft, wenn wir schon im Voraus wissen, dass wir voraussichtlich in irgendeiner Form enttäuscht werden? Wie können wir realistische Erwartungen hegen und trotzdem auf mehr hoffen? Was hat Jesus, der die vielen Fehler und Schwächen der Menschen nur zu gut kannte, sich wohl dabei gedacht, als er die Leute bat, Lazarus dabei zu helfen, sich von seinen Grabtüchern zu befreien?

Eine Gemeinschaft, in der Veränderung möglich ist

Der italienische Künstler Mattia Preti malte in den 1650er Jahren die Auferweckung des Lazarus in Großformat. Auf dem Gemälde ist Lazarus zu sehen, der sich auf einer Steinplatte aufrichtet. Er wurde gerade auferweckt und der Umgestaltungsprozess ist noch in vollem Gange. Halb schläft er noch, beziehungsweise er ist erst halb lebendig, offensichtlich immer noch erstaunt über das, was gerade geschehen ist. Er hat sich bisher kaum gerührt, aber es ist klar, dass er gleich auf Jesus zugehen wird. Solange wird er sich am Grabeingang noch ein wenig ausruhen.

Blickt man an Lazarus hinab zu seinen ausgestreckten bloßen Beinen, so sieht man einen Mann, der ein Seil abwickelt, das um Lazarus gewickelt war. Behutsam, vorsichtig und liebevoll hilft er, Lazarus zu befreien. Oh, was gäben wir für einen solchen Freund!

Wie wichtig Behutsamkeit in einer Gemeinschaft ist, kann nicht oft genug betont werden. Obwohl andere Menschen uns durchaus verletzen können, brauchen wir einander, wenn wir uns weiterentwickeln wollen. In der Geschichte von Lazarus hat Jesus der Gemeinschaft ihre Aufgabe nicht abgenommen. Jesus bat die Umstehenden, Lazarus von den Grabtüchern zu befreien. Und er möchte, dass wir innerhalb unserer Gemeinschaften, Familien und Gruppen dasselbe tun. Hierin zeigen sich Sinn und Ziel einer christlichen Gemeinschaft am schönsten: Wir sollen füreinander da sein, einander die Hand reichen und einander helfen, uns zu verändern. Dazu braucht es Gemeinschaft, denn niemand kann sich selbst von seinen Grabtüchern befreien.

Natürlich sind nicht alle Gruppen, Kreise und nicht einmal alle Gemeinden darauf ausgerichtet, einander auf dem Weg der Veränderung zu helfen. Manche Gruppen sind eher geselliger Natur. Eine Gemeinschaft, in der großer Wert darauf gelegt wird, dass die Menschen Raum zur Veränderung haben, entsteht nicht „einfach so". Sie muss gepflegt, geformt und gewollt werden.

Gwen und ich arbeiten mit einer recht kleinen Gruppe innerhalb einer großen Kirchengemeinde. Diese Gemeinschaft trifft sich nun schon seit einundzwanzig Jahren regelmäßig, um einander von den Grabtüchern zu befreien. Die Mitglieder haben die Geburten ihrer Kinder gemeinsam erlebt, das Sterben ihrer Eltern, Arbeitsplatzverluste, Seitensprünge und das Altern. Diese Menschen sind der lebendige

Beweis dafür, dass heilende Veränderung stattfinden kann, wenn wir einander mit Liebe, Gnade und Aufrichtigkeit begegnen. Sie haben sich durch die Gnade Gottes und die Zuneigung anderer Menschen verändert – zwei wichtige und entscheidende Faktoren auf dem Weg zur Veränderung. Diese Gruppe legt großen Wert darauf, dass jeder Einzelne mit seiner persönlichen Geschichte willkommen ist. Sie stellen einander gute Fragen. Sie bieten einen geschützten Rahmen, in dem man daran arbeiten kann, sich zu verändern. Sie investieren Zeit und Liebe, indem sie sich für ihre Gemeinschaft einsetzen und ihr einen hohen Stellenwert einräumen.

Hören Sie sich an, wie Paulus uns bittet, diese Art gesunder Gemeinschaft in jeder Gruppe und an jedem Ort zu haben:

Ermutigt ihr euch gegenseitig, Christus nachzufolgen? Tröstet ihr euch gegenseitig in Liebe? Seid ihr im Heiligen Geist verbunden? Gibt es unter euch Barmherzigkeit und Mitgefühl? Dann macht doch meine Freude vollkommen, indem ihr in guter Gemeinschaft zusammenarbeitet, einander liebt und von ganzem Herzen zusammenhaltet. Seid nicht selbstsüchtig; strebt nicht danach, einen guten Eindruck auf andere zu machen, sondern seid bescheiden und achtet die anderen höher als euch selbst. Denkt nicht nur an eure eigenen Angelegenheiten, sondern interessiert euch auch für die anderen und für das, was sie tun (Philipper 2,1–4).

Paulus schrieb hier an eine Gruppe von Menschen, die versuchten, einander zu helfen, aber gelegentlich von kleinlichen Meinungsverschiedenheiten, unterschiedlichen Anschauungen und starken Persönlichkeiten davon abgelenkt wurden. Seine Aufforderung „Denkt nicht nur an eure eigenen Angelegenheiten, sondern interessiert euch auch für die anderen" ist bemerkenswert. Augenscheinlich hinkten einige Gemeindeglieder mit dem Ablegen ihrer Grabtücher hinterher, während es anderen mit ihrer neu gewonnenen Freiheit als Menschen, die zu Christus gehörten, ausgesprochen gut ging.

Ein einzelner Mensch, der die Freiheit erlebt, die wir nur bei Jesus finden, macht noch lange keine wahre Gemeinschaft aus, erinnert uns Paulus. Um eine Gemeinschaft zu sein, in der Veränderung möglich ist, müssen wir einander zur Seite stehen, und zwar jedem auf seinem ganz persönlichen Weg. Eine Gemeinschaft, in der sich Veränderung vollzieht, ist tatsächlich eine Gemeinschaft, in der Jesus Gestalt annimmt – und zwar weil ihre Mitglieder füreinander die Hände, Füße und Liebe Jesu sind.

Eine solche Gemeinschaft kann eine Kleingruppe in einer Gemeinde sein, aber auch eine Mentorenbeziehung oder eine Gruppe guter Freunde. Welche Form sie auch annehmen – gesunde Gemeinschaften sind Orte, an denen „Auferstehung" möglich ist.

Eine gesunde Gemeinschaft bietet einen schützenden Rahmen

In 2. Könige 6, Verse 24 bis 33 lesen wir von einem König, der zwei Lagen Kleidung trug. Nach außen sichtbar trug er den königlichen Purpurmantel als Zeichen seiner Majestät. Doch darunter trug er ein Unterkleid aus Sackleinen – als Zeichen dafür, dass er zutiefst aufgewühlt und verzweifelt war. Unter der äußeren Schale von Macht und Ansehen war dieser König gebrochen und beschämt. Doch niemand wusste davon. Er ließ sich nicht anmerken, wie er sich wirklich fühlte. Er schuf ein falsches Ich – ein selbstgeschaffenes Bild der Person, die er darstellen wollte. Doch dies war nicht das wahre Bild seiner selbst.

Wenn alle gut riechen und sauber aussehen, befinden Sie sich höchstwahrscheinlich nicht an einem Ort, an dem Veränderung stattfindet. Eine Gemeinschaft, die ihren

Mitgliedern helfen möchte, wahre Veränderung zu erfahren, sollte Grabtücher und Sackkleider willkommen heißen. Wir können zwar leugnen, dass es im Leben oft drunter und drüber geht, und so tun, als könnten wir unseren persönlichen Gestank durch den Einsatz von „Parfüm" übertünchen. Doch Lazarus zeigt uns einen besseren Weg – einen Weg, der Leben fördert.

Kürzlich kam ein Ehepaar zu unseren Einkehrtagen, das sich von dieser Zeit Heilung versprach. In unserer ersten Sitzung platzte der Ehemann heraus: „Ich komme mir so vor, als wäre ich gar kein Christ. Ich bin nicht frei. Ich bin so gefangen in Scham und Schuldgefühlen, dass es mir so vorkommt, als müsste ich sterben." Er brauchte einen Ort, an dem er endlich sein Herz öffnen konnte, nachdem er seine Gefühle jahrelang unterdrückt hatte. Er ging das Risiko ein, sich verletzlich zu machen, um der Veränderung, nach der er sich so sehnte, einen Schritt näher zu kommen.

Wie wir gesehen haben, verändert Information allein Menschen noch nicht. Das gemeinsame Lesen und Studieren mag ein wesentlicher Teil unserer Gemeinschaft sein, doch noch wichtiger sind Offenheit und Verletzlichkeit. Sich verletzlich zu machen heißt, sich eine gewisse seelische Blöße zu geben. Wenn wir von unserem „Gestank" erzählen, macht das anderen Mut, sich ebenfalls zu öffnen. Wer fühlt sich denn schon wohl in der Gegenwart von Vollkommenheit? Wer sich freilich wohl und sicher fühlt, kann authentisch sein. Der Austausch muss aber auf Gegenseitigkeit beruhen und darf kein einseitiges Reden oder Zuhören sein.

In einer gesunden Gemeinschaft erzählt jeder seine Geschichte

Stinkende Menschen möchten, dass man ihnen zuhört. Zu dieser Überzeugung bin ich in all den Jahren gelangt, seit ich mich mit meinem eigenen Gestank und dem anderer befasse. Schon allein das Erzählen unserer Geschichten ist bereits heilsam. Wenn man uns liebevoll zuhört, fühlen wir uns angenommen und nicht verurteilt oder in eine Schublade gesteckt. Ein offenes Ohr hilft uns, unsere tiefsten Sehnsüchte, Ängste und Träume zu verarbeiten. Gute Fragen sind Werkzeuge, die Gott dazu gebraucht, um uns zu helfen, uns selbst besser kennenzulernen. Gute Fragen zu stellen kann wichtiger sein, als die richtigen Antworten parat zu haben, und genau das war auch eine der Hauptlehrmethoden von Jesus.

Um die Seele eines anderen Menschen zu ergründen, muss man gewillt sein, sich mit dem Unbekannten auseinanderzusetzen, das sich hinter einem lächelnden Gesicht verbirgt. Man muss die Courage haben, einen Stein umzudrehen, um herauszufinden, was darunterliegt. Das französische Wort *courage* kann im Deutschen auch mit „Beherztheit" wiedergegeben werden. Courage zu haben bedeutet, das Herz zu haben, bis ins Herz eines anderen vorzudringen und dabei der Versuchung zu widerstehen, Ratschläge zu erteilen oder das, was man dort sieht, reparieren zu wollen. Gute Fragen, die nachhaken, helfen uns dabei, uns selbst und auch Gott besser kennenzulernen.

Eine gesunde Gemeinschaft ist voller Gnade

Einmal kam eine Frau zu mir, die zu einer christlichen Gruppe gehörte, in der großer Wert darauf gelegt wurde, dass man einander die Wahrheit sagte. Leider verstand man in dieser Gruppe darunter, dass man sich regelmäßig gegenseitig ins Gesicht sagte, was man wirklich dachte, einschließlich dessen, was einem an anderen Gruppenmitgliedern auf die Nerven ging. Nachdem die Frau von ihren Erfahrungen berichtet hatte, entgegnete ich: „Das hört sich ganz so an, als ob Sie eine Überdosis Wahrheit, aber viel zu wenig Nachsicht bekommen hätten." Dieser Kommentar schien ihr zu helfen, die Geschehnisse in dieser Gruppe besser einordnen zu können.

Unser Vorbild für ein ausgewogenes Verhältnis von Gnade und Wahrheit ist Jesus selbst. Johannes berichtet, dass Jesus „voll Gnade und Wahrheit" (Johannes 1,14) war. Bei einer Überdosis Gnade kann es passieren, dass die Grabtücher zu lange an Ort und Stelle bleiben. Eine Überdosis Wahrheit hingegen kann Verletzungen noch verschlimmern. Bei Jesus finden wir ein harmonisches Gleichgewicht von Gnade und Wahrheit.

Viele von uns haben Narben, die davon erzählen, dass wir in Gruppen, Gemeinden oder Organisationen verletzt wurden, wo Kritik, Verurteilung und Zurechtweisung an der Tagesordnung waren und nicht Liebe und Gnade im Überfluss, wie Jesus uns das vorgelebt hat. Wer verwundet ist, spürt genau, wo er lediglich toleriert wird. Irgendwann hat man dann das Gefühl, schon allein durch seine Anwesenheit ein Problem darzustellen. In einer von Milde durchsetzten Gemeinschaft sind verwundete, müde und geprügelte Pilger willkommen und erwünscht. Nicht die Gesunden brauchen den Arzt, sondern die Kranken.

Eine gesunde Gemeinschaft ist wahrhaft gastfreundlich
Gastfreundschaft ist so viel mehr, als trockene Kekse auf Porzellantellern herumzureichen. Wir leben in einer hektischen, geschäftigen, brutalen Welt. Der Druck, Quoten zu erfüllen, Leistung zu bringen und Erfolg zu haben, erfordert ein irrsinnig hohes Lebenstempo. Oft bleiben wir atemlos und überwältigt zurück und wissen nicht mehr, wo vorne und wo hinten ist. Und unser geistliches Leben stellt oft dieselben Ansprüche an uns wie unser Berufsleben. Das Gefühl, mehr tun, mehr lesen und an mehr Veranstaltungen teilnehmen zu müssen, lässt uns in hektische Panik verfallen, als paddelten wir durch Wildwasser, immer bemüht, den Felsen und scharfen Kanten auszuweichen, denen wir täglich begegnen.

Henri Nouwen erinnert uns daran, dass es bei Gastfreundschaft nicht darum geht, „Menschen zu verändern,

sondern ihnen einen Raum zu bieten, wo Veränderung stattfinden kann"[2]. Gastfreundschaft heißt, einen Gast freundlich aufzunehmen und einen Ort zur Verfügung zu stellen, an dem ein müder Reisender ausruhen kann. Die geistliche Reise ist lang und beschwerlich, und wir alle brauchen Orte, an denen unsere Seele Ruhe finden kann. Eine Gemeinschaft, in der Veränderung möglich ist, ist ein Ort, an dem ein Mann oder eine Frau ausruhen kann, der bzw. die noch Grabtücher trägt.

In seinem bekannten Gleichnis vom barmherzigen Samariter machte Jesus deutlich, wie wichtig es ist, dass Gastfreundschaft bei uns großgeschrieben wird. Das unliebsame Opfer, das am Rand der Gesellschaft stand, wurde von der religiösen Rechten und den geistlichen Fachleuten links liegen gelassen. Der Verletzte brauchte jemanden, der wusste, wie sich Ablehnung anfühlt. Es musste jemand sein, der verstand, wie weh es tut, übersehen und an den Rand gedrängt zu werden. Erst ein von den Juden verachteter Samariter konnte uns zeigen, was Jesus unter Gastfreundschaft versteht. Und so sagte Jesus über den barmherzigen Samariter:

Schließlich näherte sich ein Samariter. Als er den Mann sah, empfand er tiefes Mitleid mit ihm. Er kniete sich neben ihn, behandelte seine Wunden mit Öl und Wein und verband sie. *Dann hob er den Mann auf seinen eigenen Esel und brachte ihn zu einem Gasthaus,* wo er ihn versorgte. *Am nächsten Tag gab er dem Wirt zwei Denare und* bat ihn, gut für den Mann zu sorgen. „*Sollte das Geld nicht ausreichen"*, sagte er, „*dann werde ich dir den Rest bezahlen, wenn ich das nächste Mal herkomme"* (Lukas 10,33–35; Hervorhebung des Autors).

Hier sehen wir, was es kostet, wirklich gastfreundlich zu sein. Der barmherzige Samariter musste selbst Hand anlegen, um die verschmutzten, vielleicht sogar stinkenden Wunden zu behandeln. Er opferte seine eigenen finanziellen Mittel, als er dem Wirt Geld gab. Indem er diesem darüber hinaus auch das Versprechen gab zurückzukehren, zeigte er, dass ihm die Heilung des anderen ein persönliches Anliegen war. Er würde die Herberge wieder aufsuchen, um zu sehen, wie es dem Mann ging.

Viele, die sich noch darum bemühen, ihre „Grabtücher" abzulegen und ein neuer Mensch zu werden, wissen, wie es ist, links liegen gelassen zu werden und allein zu sein, aber sie finden keinen Ort, der das wohltuende moderne Pendant zu einer solchen Herberge wäre.[3] Wünschen wir uns nicht alle einen Ort, an dem wir uns hinsetzen, die Erlebnisse der Reise verarbeiten und neue Orientierung für unser Leben finden können? Denn genau dies sind doch die Orte, an denen Veränderung geschieht.

Eine gesunde Gemeinschaft nimmt die Menschen an

Annahme bedeutet, andere so anzunehmen, wie Christus uns angenommen hat. Jemand, der dies tut, weiß, dass Menschen „unfertig" sind und immer wieder stolpern werden. Annahme bedeutet, andere willkommen zu heißen und sie nicht wie ein Türsteher erst einmal misstrauisch zu beäugen. Der Türsteher einer Gruppe, Gemeinde oder einer anderen Organisation ist jemand, der einen Schnüffeltest durchführt und überprüft, ob jemand auch „dazupasst". Bei einer Gemeinschaft, die andere mit offenen Armen willkommen heißt, gibt es keine Türen, die Unbefugte aussperren.

Das war auch Paulus sehr wichtig, der an die Gemeinde in Rom schrieb: „Nehmt einander an, wie Christus euch angenommen hat, denn dadurch wird Gott geehrt" (Römer 15,7). Mit einer offenen, bejahenden Herzenshaltung können wir anderen so begegnen, wie Jesus das tat. Wir lesen an keiner Stelle in den Evangelien, dass Jesus einen Menschen wegschickte, herunterputzte oder abschob. Er wusste, dass nur die Liebe, die den anderen annimmt, wie er ist, Veränderung bewirken kann. Annahme besagt schlichtweg: Wir tragen alle Grabtücher mit uns herum. Ohne Ausnahme. Jeder von uns kann einem anderen helfen, freier und lebendiger zu werden und auch offener dafür, das Leben zu erfahren, das uns Jesus schenken will.

Eine Gemeinschaft von Auferstandenen

Wenn wir das Grab verlassen haben, eröffnet sich uns die sagenhafte Möglichkeit, Gemeinschaft ganz anders zu erleben als zuvor. Das Grab hat uns nämlich eine Menge gelehrt und so profitieren wir als Gemeinschaft von unseren Erfahrungen und unseren gemeinsamen Sehnsüchten. Aus einer kleinen Gruppe gewöhnlicher Männer und Frauen kann so eine Gemeinschaft von Auferstandenen werden.

Weil uns Gottes Liebe verändert hat, haben wir ein größeres Ziel vor Augen, größere Erkenntnis, größere Sehnsucht und eine herrlichere Reise vor uns. Diese gemeinsame Reise lässt uns das Leben schmecken, das wir uns alle wünschen. Als „Ostermenschen" – als Männer und Frauen, die in den Genuss des neuen Lebens gekommen sind – leben wir nun unser Leben weiter. Unsere Einsamkeit ist vorüber. Die Gemeinschaft macht lebendig. Wir bilden einen Kreis von Auferstandenen, die alle von dem Wunsch angetrieben werden, Jesus noch besser kennenzulernen.

Gebet für eine Gemeinschaft von Auferstandenen

Jesus, bitte schenke mir keine Freunde, die sich die Nase zuhalten, wenn sie meine Grabtücher riechen! Schenke mir Menschen, die den Gestank aus eigener Erfahrung nur zu gut kennen und mich dennoch lieben. Schicke mir Menschen, die mir nicht noch mehr Schmerz zufügen, indem sie an meinen Grabtüchern reißen, sondern meine Binden liebevoll lösen. Zeige mir Menschen, die mich auf meinem Weg zu dir ein Stück weiterbringen können. Lass mich mitfühlende Herzen finden, die mich verstehen, liebevolle Ohren, die mir zuhören, wahrhaftige Zungen, die dennoch voller Gnade sind. Lass mich für sie das Gleiche tun. Begegne mir in anderen Menschen, die dir ähnlich sind und nicht mir, Menschen, die darüber staunen, wie sehr du sie verändern willst, und die dir zu Füßen knien und nicht mir. Schenke mir Freunde, die mich zum Lachen bringen und die wissen, dass meine Tränen wertvoll sind. Stelle mir Menschen zur Seite, die mir vorleben, wie du handeln würdest, und erinnere mich gleichzeitig daran, dass ich allein durch dich verändert werde. Amen.

Kapitel 9

Im Licht leben
Was Ihre Veränderung bewirken kann

„Sechs Tage vor Beginn der Passah-Feierlichkeiten kam
Jesus nach Betanien, in die Heimatstadt von Lazarus –
jenes Mannes, den er von den Toten auferweckt hatte."
Johannes 12,1

- Ein verändertes Leben ist ein Leben in inniger
  Gemeinschaft mit Jesus.
- Ein verändertes Leben ist ein dankbares und
  großzügiges Leben.
- Ein verändertes Leben ist ein gefährliches Leben.
- Ein verändertes Leben ist ein einflussreiches Leben.

Bevor der Bericht über die Auferweckung von Lazarus im 11. Kapitel des Johannesevangeliums endet, können wir dort noch lesen, wie Lazarus in seine Grabtücher gewickelt aus dem Grab kommt. Doch seine Geschichte endet hier nicht. Und genauso wenig das, was Gott durch sein Leben bewirkte.

Als sich die Nachricht von diesem veränderten Leben – diesem auferweckten Leben – verbreitete, begannen viele Menschen, wirklich daran zu glauben, dass Jesus der Sohn Gottes ist. Dass Jesus sich mit seinem Eingreifen zunächst noch ein wenig Zeit gelassen, dass er Gestank und Grabtücher in Kauf genommen hatte, all das diente Gott zur Ehre. Doch Ehre birgt Gefahren. Immer. Und so erging es auch Lazarus. Ein Leben, das von Gott auf den Kopf gestellt wurde, kann bedrohlich wirken – in diesem Fall sahen nämlich die Hohepriester und die Pharisäer, wie viel Macht Jesus besaß, und schmiedeten Pläne, wie sie sowohl Jesus als auch Lazarus aus dem Weg räumen könnten (Johannes 12,10): „Deshalb hörte Jesus auf, sich öffentlich im Volk zu zeigen" (Johannes 11,54).

Erst sechs Tage vor dem Passahfest kam Jesus wieder nach Betanien, um Zeit mit seinen Freunden zu verbringen. Vielleicht kam er ja sogar im Schutz der Nacht. Können Sie nachempfinden, wie aufregend es gewesen sein muss, Jesus wiederzusehen und den zu umarmen, der der Familie neues Leben geschenkt hatte? Man veranstaltete „zu seinen Ehren ein Festessen" (Johannes 12,2).

Im 12. Kapitel des Johannesevangeliums erhaschen wir einen beeindruckenden Blick auf dieses Festmahl – und einen Einblick in das, was es heißt, als „neuer" Mensch zu leben. Da diese Familie aus Betanien aus einfachen Leuten bestand, muss auch das Haus einfach gewesen sein, doch es war groß genug, um die Jünger, Jesus und die Geschwister zu beherbergen. Alle fünf Sinne der Gäste wurden an jenem Abend angesprochen und wurden zu „Predigern für die Seele", wie Leonardo da Vinci einmal sagte. Betörende Düfte erfüllten die Luft. Es gab gutes Essen und hervorragenden Wein – vielleicht war der Wein von der gleichen Güte wie der auf der Hochzeitsfeier, von der Johannes uns an früherer Stelle in seinem Evangelium berichtet. Maria und Marta waren so gastfreundlich, wie wir es auch sind, wenn wir ganz besonderen Besuch empfangen. Die Sandalen blieben an der Tür, und die bloßen Füße spürten die Heiligkeit dieses Lehmbodenhauses, wo Jesus einen Abend lang Zuflucht fand, wie er das schon so oft getan hatte. Maria goss sogar ein Gefäß mit kostbarem Parfüm über Jesu Füße und trocknete sie anschließend sorgsam mit ihrem Haar, was den gesamten Raum mit köstlichem Duft erfüllte.

Bei alledem wusste Jesus jedoch, dass ihn selbst in nur wenigen Tagen sein eigenes Grab erwartete; dieses Festmahl fand nämlich weniger als eine Woche vor Jesu Tod statt. Stellen Sie sich vor, Sie hätten nur noch eine Woche zu leben. Was würden Sie tun? Jesus beschloss, einen Abend in der Gesellschaft seiner engsten Freunde zu verbringen. Mit diesem Beisammensein verfolgte er keinen bestimmten Zweck. Dies war kein Abend, an dem er darüber sprechen wollte, was es mit Gottes Königreich auf sich hatte. Hier ging es nicht darum, etwas über Himmel und Hölle zu erfahren. Dies war ein Abend der Gemeinschaft. Des Miteinanders. Dies war ein Abend, an dem die Menschen „schmecken und sehen" konnten, wie das Leben in der Gegenwart eines Gottes aussieht, der erneuert und umgestaltet.

Ein Leben in inniger Gemeinschaft

Wir wissen nicht viel darüber, wie das Leben von Lazarus nach seiner Auferweckung verlief. Johannes jedenfalls berichtet nichts davon, dass Lazarus sein Erlebnis zum Thema einer Predigtreise machte. Das Erste, was wir nach jenem

Tag am Grab wieder von Lazarus hören, ist, dass ein Festmahl stattfand, und: „Lazarus saß mit ihm am Tisch" (Johannes 12,2). Der ehemalige Tote entspannte sich und saß quicklebendig in der Gegenwart des Gottes, der ihn zum Leben erweckt hatte.

Im 1. Jahrhundert saßen die Menschen beim Essen nicht auf Stühlen um einen Tisch herum. Sie ruhten auf Kissen auf dem Boden um einen kleinen, nur wenige Zentimeter hohen Tisch herum. Sie stützten sich auf ihren linken Arm und aßen mit der Rechten, wie es noch bis heute in manchen Kulturen im Nahen Osten üblich ist. Dabei kam man sich wirklich nah! Ich kann mir vorstellen, dass Lazarus sich rasch den Platz neben Jesus sicherte und ihm den ganzen Abend über nicht von der Seite wich. Keine Spur davon, dass Jesus an diesem Abend irgendwie „nicht ganz da" war oder sich Zeit ließ. Gott war gegenwärtig. Dies war ein Haus der Freude. Stellen Sie sich ein Festessen mit den Menschen vor, die Sie am meisten lieben, dann können Sie ungefähr erahnen, wie dieser Abend abgelaufen sein muss.

Wenn ich mir diese Szene ausmale, kommt mir als Erstes das Wort „Innigkeit" in den Sinn. In diesem Wort klingt „Innen-Sein" an. Jesus ließ seine Freunde einen Blick nach innen werfen, in das, was ihm am Herzen lag. Im Gegenzug blickte er selbst auch tief in ihr Herz. Maria wischte das Parfüm ab, das zwischen den Zehen Gottes heruntertropfte. Jesus blickte ihr ins Gesicht und empfand riesige Zuneigung für sie, denn auch sie war ein von Gott geliebtes Kind. Wir wissen nicht viel darüber, über was man an jenem Abend sprach. Wir wissen aber, dass diese Freunde ihr Miteinander genossen.

Allein mit Gott

Innige Vertrautheit mit Jesus ist ein Kennzeichen eines erneuerten Lebens, Geschäftigkeit hingegen nicht. Wir sollten uns diese Wahrheit zu Herzen nehmen und gegen die starke

Strömung in der christlichen Kultur anschwimmen, die da lautet: „Tu mehr! Engagier dich mehr!" Wie Oswald Chambers einmal so treffend formulierte: „Der größte Konkurrent zu echter Liebe zu Jesus kann die Arbeit werden, die wir für ihn tun."[1]

Als ich während des Studiums zum Glauben kam, rieten mir erfahrene Christen, ich solle gleich „losziehen und anderen von Jesus erzählen". Mit anderen Worten: „Werde aktiv, tu etwas, leiste etwas, um deine Beziehung zu Jesus zu festigen." Ich erkenne die Logik hinter ihrem Rat, aber rückblickend gesehen wäre es für mich gewinnbringender gewesen – und hätte letztlich zu tiefergehenden Beziehungen mit anderen geführt –, wenn man mich ermutigt hätte, mich eine Weile mit Gott „zurückzuziehen", so wie Paulus es nach seiner Lebenswende tat und so wie Jesus selbst es auch viele Male praktiziert hat.

Ja, unmittelbar nach der Auferweckung von Lazarus „hörte Jesus auf, sich öffentlich im Volk zu zeigen, und verließ Jerusalem. Er ging an einen Ort in der Nähe der Wüste, in das Dorf Ephraim, und blieb dort mit seinen Jüngern" (Johannes 11,54). Jesus sammelte seine Nachfolger im vertrauten Kreise um sich – für eine Zeit der intensiven Gemeinschaft. Er brauchte, wie wir alle von Zeit zu Zeit, einen geschützten Rahmen.

Es hat Jahrzehnte gedauert, bis ich erkannte, dass sich eine Veränderung meines Charakters, meines Wesens nicht immer unmittelbar in Taten ausdrücken muss. Die Veränderung mag zunächst einfach nur dazu führen, dass wir uns an der Gegenwart Jesu erfreuen, und in dieser Zeit werden wir auf das gute Werk vorbereitet, zu dem Gott uns beruft.

Es wird der Tag kommen, an dem wir aktiv werden. Es gibt keinen größeren Auftrag als den, anderen Menschen von unserem Glauben zu erzählen – in der Tat kamen viele Menschen zum Glauben an Jesus, weil sie von Lazarus' Auferstehung gehört hatten. Doch ohne Zeiten der fröhlichen, vertrauten Gemeinschaft mit Jesus werden wir während des langwierigen Veränderungsprozesses vom Wege abkommen. Wir können diese Reise schlichtweg nicht durchstehen ohne regelmäßige und intensive Zeiten der Gemeinschaft mit Gott, in denen wir nichts tun, außer zu beten, zuzuhören und einfach in der Gegenwart dessen zu sein, der uns so liebt, wie wir sind.

Sich an Jesus anlehnen
Ein Leben in der Gemeinschaft mit Jesus ist aber kein passives Leben. Es ist auch nicht unbedingt ein Leben in Abgeschiedenheit und Stille. In der Hetze unserer Zeit gewinnen wir leicht den Eindruck, wir bräuchten einfach nur Ruhe, um Gott näher zu sein. Doch wer nach Veränderung strebt, kann sich nicht in ein Kloster zurückziehen (es sei denn, genau das ist seine Berufung). Die Grabtücher folgen uns nämlich auch dorthin. Ein Tag ohne Termindruck allein wird noch keinen Frieden bringen, eine dauerhafte, innige Beziehung zu Jesus an arbeitsreichen wie an ruhigen Tagen hingegen schon. Das Leben Jesu folgte dem Rhythmus eines erneuerten Lebens: Einer Zeit des Aktivseins folgte eine Zeit der Besinnung. Und auch wir brauchen beides.

Thomas R. Kelly schreibt in seinem geistlichen Klassiker „Heiliger Gehorsam":

Über die Ränder des Lebens kommt ein Flüstern, ein schwaches Rufen, eine Ahnung von einem reicheren Leben, an dem wir wissentlich vorbeileben. Obwohl wir bereits von dem irrsinnig hohen Tempo unserer täglichen Verpflichtungen gebeutelt sind, macht uns zusätzlich noch eine innere Unruhe zu schaffen, weil wir ahnen, dass es ein Leben gibt, das unendlich viel reicher und tiefer ist als unsere gehetzte Existenz, ein Leben der ungehetzten Gelassenheit, des Friedens und der Kraft.[2]

Das „Auferstehungsleben" ist ein Leben der „ungehetzten Existenz". Wir können geschäftig sein und dabei äußerlich gelassen wirken, aber wir können auch in den geschäftigsten Augenblicken unseres Tages einen tiefen Frieden verspüren. Das Wichtigste, was Lazarus nach seiner Auferstehung tat, war, sich an Jesus anzulehnen. Wir müssen dasselbe tun.

Ein Leben voller Dankbarkeit und Großzügigkeit

Während des Festmahls zu Ehren Jesu platzte Maria fast das Herz vor Dankbarkeit und Großzügigkeit und so übergoss sie Jesu Füße mit kostbarem Parfüm. Diese überquellende Dankbarkeit und Großzügigkeit ist ein weiteres Kennzeichen eines umgestalteten Lebens, ein Zeichen, dass die Veränderung tief und dauerhaft ist.

Maria verwendete an jenem Abend kein verdünntes, Eau-de-Toilette-artiges Parfüm. Dieses Parfüm kostete 300 Denare, was einem Jahresgehalt entsprach. Stellen Sie sich einmal vor, Sie gäben Ihr gesamtes Jahresgehalt an einem Abend aus, um jemandem zu zeigen, wie sehr Sie ihn lieben. Würden Sie das tun?

An jenem Abend lagen aber noch andere Leute mit Jesus zu Tisch. Einer von ihnen war Judas, der Jesus nur wenige Tage darauf verraten sollte. Als Kassenwart der Gruppe verurteilte Judas Marias Handeln aufs Schärfste. Es war übertrieben. Es war unnötig. Doch Jesus sagte zu Judas: „Lass sie" (Johannes 12,7). Jesus nahm Marias Akt der Hingabe als Ausdruck ihrer Liebe an. Was wie Verschwendung aussah, war in Wirklichkeit ein wunderschöner Ausdruck dessen, was es heißt, verändert zu werden.

Anschließend verriet Jesus, dass Maria sich dieses Parfüm aufgespart hatte. Dies war kein spontaner Akt irrationalen Verhaltens. Die drei Geschwister, die zusammenlebten, hatten sehr wahrscheinlich über das Geschenk gesprochen, als sie das üppige Fest vorbereiteten. Was sollen wir Jesus schenken? Womit können wir unsere Dankbarkeit angemessen zum Ausdruck bringen? Maria kannte die Antwort. Sie hatte gesehen, wie Jesus lebte. Sie hatte seinen Umgang mit Menschen beobachtet. Sie bemerkte, dass ihr eigenes Herz in seiner Gegenwart lebendig wurde. Sie war ihm nähergekommen, als sie einmal eine Zeitlang auf ihn warten musste. Durch ihre tiefe Enttäuschung entdeckte Maria eine intensive Liebe, die sie zuvor nicht gekannt hatte. Sie sah, dass Jesus ein Leben der Fülle lebte. Sie beschloss, das Gleiche zu tun.

Ein von Grund auf verändertes Leben ist von Dankbarkeit gekennzeichnet. Wenn Sie eine Veränderung erfahren, die Sie allein niemals erreicht oder zustande gebracht hätten, dann können Sie nur demütig und dankbar sein. Ein erneuerter Mensch geht dankbar durchs Leben, weil er zum einen weiß, was mit ihm geschehen ist, und zum anderen, dass dies nicht sein Verdienst ist. Dies ist offensichtlich nicht selbstverständlich, denn Jesus hob den Leprakranken, der zurückgekommen war, um ihm für seine Heilung zu danken, als gutes Beispiel hervor. Neun andere, die ebenfalls geheilt worden waren, gingen einfach ihrer Wege – sie erfreuten sich ihrer Gesundheit, waren aber nicht demütig und einsichtig genug, um sich an den zu erinnern, der sie geheilt hatte.

Wenn wir aus unseren Gräbern herauskommen, müssen wir uns darin üben, großzügig und dankbar zu werden. Wir sollten täglich dankbar sein, nicht nur einmal im Jahr am Erntedankfest. Manche Menschen sind von Natur aus großzügig. Doch die meisten von uns müssen sich darin üben. Wenn wir großzügig geben, schaffen wir in unserem Herzen mehr Raum für die Gegenwart Gottes. Wenn Geld, Kraft und Zeit aus uns herausfließen, wird Gott in unserem Leben deutlicher spürbar. David sagte einmal: „Ich will nicht dein Eigentum nehmen und dem Herrn geben und Opfer darbringen, die mich nichts gekostet haben" (1. Chronik 21,24). Zum großzügigen Geben gehört das Opfern von Dingen, die uns wichtig sind. Wenn wir etwas geben, das uns etwas kostet – das uns viel bedeutet –, dann stellen wir seltsamerweise fest, dass wir auch etwas dafür bekommen. Ein Opfer für Gott bringt uns ihm immer näher.

Beim Thema „Geben" sind unsere Grabtücher sehr offensichtlich. Im Durchschnitt spenden Amerikaner weniger als 2,2 % ihres Einkommens für wohltätige Zwecke. Amerikaner mit einem Jahreseinkommen von über 150.000 US-Dollar geben 1,9 % ihres Einkommens. Im Gegensatz dazu spenden die sogenannten „Working Poor" durchschnittlich 10–15 % ihres Einkommens.[3] Vielleicht besitzen ja diejenigen mit dem wenigsten Geld die meiste Demut. Sie wissen aus eigener Erfahrung um eine tiefe Wahrheit: Wo ein Herz nur für sich schlägt, schlägt es nicht im Takt mit dem großzügigen Herzen Gottes.

Martin Luther sagte einmal, dass drei Bekehrungen notwendig seien: „die Bekehrung des Herzens, die Bekehrung der Gedanken und die Bekehrung der Geldbörse". Welche Art von Verschwendung stört Sie besonders? Die Verschwendung von Zeit, Fachwissen, Fähigkeiten, Geld, Worten? Überlegen Sie einmal, ob Sie irgendetwas davon in Ihrer Beziehung zu anderen und zu Gott horten. Gewöhnliche Menschen können auf außergewöhnliche Weise geben, weil Gott ihre Herzen berührt.

So wie Jesus gibt, sollten auch wir geben. So wie Gott uns mit Liebe überschüttet, sollten wir andere mit Liebe überschütten. Paulus ermahnt uns: „Folgt in allem Gottes Beispiel, denn ihr seid seine geliebten Kinder!" (Epheser 5,1). Mit zunehmender Veränderung sehnen wir uns auch zunehmend danach, Gott ähnlicher zu werden. Gott ist unser Vorbild für ein überfließendes, freigebiges Herz.

Ein Leben voller Gefahren

Während Jesus mit seinen Freunden zu Tisch lag, versammelte sich draußen vor der Tür eine Menschenmenge. Diese Leute waren nicht nur gekommen, um Jesus zu sehen, „sondern vor allem um Lazarus zu sehen, den Jesus von den Toten auferweckt hatte" (Johannes 12,9). Stellen Sie sich einmal vor, Sie wären über Nacht in Ihrem Heimatort zu einer Berühmtheit geworden. Ihnen ist etwas derart Unglaubliches passiert, dass die Leute Sie anstarren, während Sie Ihrem Alltagsgeschäft nachgehen. Man spricht Sie an und tuschelt über Sie, wenn Sie vorübergehen. Die Veränderung, die sich an Ihnen vollzogen hat, ist so auffällig, dass die Leute nicht nur über Sie als Person reden. Man redet über die Tatsache, dass Sie ein neuer Mensch geworden sind. Und man bringt Sie mit dem in Verbindung, der Ihr Leben verändert hat.

Genau so erging es Lazarus. Johannes berichtet zweimal (11,46 und 12,10), dass die religiösen Anführer Lazarus' Auferweckung zum Anlass nahmen, um ein Komplott gegen Jesus zu schmieden. Sie verdrehten die Wahrheit für ihre Zwecke und überlegten, wie sie es anstellen könnten, dass Jesus hingerichtet (11,53) und auch Lazarus aus dem Weg geräumt würde – er sollte ein zweites Mal sterben. Lazarus wurde nun direkt mit Jesus in Verbindung gebracht. Und für den, der sich in der Nähe von Jesus aufhält, kann es gefährlich werden.

Eine Verwandlung vollzieht sich nie im luftleeren Raum. Wenn wir ein Grab verlassen, kann das ungeahnte Auswirkungen haben. Es ist gefährlicher, als ein neuer Mensch aus dem Grab herauszukommen, als einfach im Grab zu bleiben. Die Menschen fürchten Veränderungen. Veränderungen lösen Kontroversen aus. Was eigentlich gefeiert werden sollte, wirkt abschreckend.

Alte Gewohnheiten loszulassen, mit Menschen anders umzugehen, ja selbst das Freiwerden von Süchten wird sich auf unsere zwischenmenschlichen Beziehungen auswirken und sie verändern. Es kann auch dazu führen, dass wir unsere theologischen Überzeugungen überdenken müssen. Es wird unsere Art zu reden verändern und auch unseren christlichen Jargon. Manche Menschen werden mit unserer neuen Hingabe an Jesus nichts anzufangen wissen. Wie wir bereits gesehen haben, werden manche sogar versuchen, uns zurück ins Grab zu locken. Schließlich ist nicht ausgeschlossen, dass jemand, der das Grab verlassen hat, noch weitere Personen dazu bringen wird, diesen sicheren Ort hinter sich zu lassen. Wer keinen Hehl aus seinen Grabtüchern macht, führt anderen vor Augen, dass sie selbst auch nicht sonderlich gut riechen.

Jesus selbst erlebte Ablehnung, Trauer, Einsamkeit und eine ruppige Behandlung, als die Menschen merkten, dass sein Lebensstil nicht ihren Erwartungen entsprach. Ein Leben, das auf den Kopf gestellt wurde, ist nicht immun gegen Anfechtungen und Leid. Doch die Mühen und Kämpfe, die wie Sackgassen wirken, können wiederum ein Ort für eine noch weitreichendere Umwandlung sein. Und am Ende unserer Reise erkennen wir, dass es trotz allem keinen sichereren Ort gibt als die Arme Gottes.

Ein Leben voller Einfluss

Heutzutage hören wir laufend von irgendwelchen Heilmitteln, die angeblich Leib und Seele kurieren. Doch die beste Werbung für jede Pille, jeden neuen Keks und jedes Schuhgeschäft ist noch immer das persönliche Zeugnis von jemandem, der von dem jeweiligen Produkt überzeugt ist. Dies gilt auch für das geistliche Leben, allerdings hat es hier wesentlich signifikantere Auswirkungen.

„Viele von den Juden, die bei Maria gewesen und Zeugen dieses Geschehens geworden waren, glaubten nun an Jesus"

(Johannes 11,45). Die Stimme der Liebe rief an jenem Tag mehr Menschen als nur Lazarus zu sich. Johannes berichtet, dass sich die Nachricht von Lazarus' Auferweckung nach dem Festmahl wie ein Lauffeuer verbreitete, sodass die Pharisäer schließlich klagten: „Seht doch, die ganze Welt läuft ihm nach!" (Johannes 12,19).

Wenn wir uns verzweifelt nach Veränderung sehnen, dann suchen wir nach etwas oder jemandem, der uns Hilfe verspricht. Und wenn wir davon hören, dass das Leben von jemandem auf den Kopf gestellt wurde, und von der Glaubwürdigkeit der Geschichte überzeugt sind, werden wir neu darüber nachdenken, worauf wir unseren Glauben gründen und wofür wir unsere Zeit und unser Geld einsetzen.

Als Lazarus das Grab hinter sich ließ, erschütterte er mit jedem Schritt die umstehenden Zuschauer. Auf künstlerischen Darstellungen sehen wir, dass einige Umstehende Jesus anbetend zu Füßen fallen, andere weichen erstaunt zurück, und wieder andere halten sich wegen des Gestanks die Nase zu. Gleichgültig, wie die Anwesenden im Einzelnen reagieren: Keiner bleibt unberührt.

Das neue Leben, das Lazarus nun führte, beeinflusste die Menschenmenge. Seine Auferweckung machte aus seinen Schwestern andere Menschen. Sein Leben übt selbst heute noch einen starken Einfluss aus und berührt Menschen des 21. Jahrhunderts wie mich. In den vergangenen zwei Jahren habe ich das 11. Kapitel des Johannesevangeliums beinahe täglich gelesen. Je länger mich die Geschichte von Lazarus begleitet, umso mehr profitiere ich dadurch. Lazarus ist mir ein Freund geworden, der mich auf meinem Weg zu Jesus begleitet. Das Leben von Lazarus ist für mich zu einem Modell geworden, zu einem hervorragenden Bild dafür, wie das Mysterium der Verwandlung für jeden von uns aussehen kann. So wird Verwandlung plötzlich zu etwas, das für jeden durchaus greifbar ist.

Die Kraft von Geschichten

Mehrmals im Jahr leite ich eine Einkehrzeit zum Thema „Stark im Wandel – Geistliche Veränderung für Männer". Sie stützt sich auf ein Buch, an dem ich vor einigen Jahren mitarbeiten durfte. Auf den Tagungen erzählen ganz normale Männer, wie sie auf einem bestimmten Gebiet ihres Lebens Veränderung erfahren haben. Ein Mann erzählt beispielsweise, wie sich seine Ehe nach Jahren der Untreue verändert hat; er spricht über die Grabtücher von Schuld und Scham, die er im Rahmen des Seminars ablegen will. Ein anderer erzählt vielleicht, wie er vom Alkohol losgekommen ist und die Beziehung zu seinen erwachsenen Kindern sich dadurch wieder verbessert hat, nachdem er jahrelang intensiv versucht hatte, die Grabtücher abzulegen.

Jim, ein guter Freund von mir, beschloss während einer dieser Freizeiten, dass er anfangen wollte, gezielt Zeit mit seiner Frau zu verbringen – etwas, worum sie ihn schon seit Jahren bat. Jim liebt seine Frau, doch er wollte immer erst noch ein weiteres Projekt erledigen, ehe er Zeit mit ihr verbrachte. Auf der Tagung erzählte er, was er tun wollte, um sich zu verändern: Jim mag eigentlich keinen Kaffee und hat ihn auch noch nie gemocht, seine Frau jedoch schon. Also entschied sich Jim, ein gemeinsames Ritual einzuführen: Jeden Tag wollten sie gemeinsam eine Tasse Kaffee trinken und eine kurze Andacht lesen. Jims Beschluss war ein einfacher Schritt vorwärts, um seine Ehe zu stärken. (Und heute sagt er sogar, dass ihm Kaffee tatsächlich schmeckt!)

Als im vergangenen Jahr einige ältere Männer – alle über sechzig – auf der Freizeit ihre bewegenden Geschichten erzählten, blieb im Zuhörerraum kein Auge trocken. Im hinteren Teil des Saals standen ein paar Männer Mitte zwanzig auf und klatschten ihren betagten Brüdern begeistert Beifall. Die Verwandlung des einen inspiriert den anderen.

Jeder von uns erlebt Veränderung auf ganz individuelle Weise. Es gibt keine Formel, um die Art von Veränderung

hervorzubringen, die wir uns wünschen, kein Einundzwan-
zig-Schritte-Programm für ein verändertes Leben. Wir können lediglich dem Ruf Jesu gehorsam sein. Vielleicht weiß
Gott, dass wir die Formel anbeten würden, wenn wir eine
Formel hätten, und nicht ihn. Stattdessen mutet er uns die
Mysterien des geistlichen Lebens zu. Er möchte, dass wir
uns die Geschichten von anderen anhören und dann die individuelle Veränderung erfahren, die er uns zugedacht hat.

Der Verfasser des Hebräerbriefs erzählt von einer ganzen
Schar gewöhnlicher Männer und Frauen, deren Leben völlig verändert wurde, und fordert uns auf, uns Gottes Wirken in ihrem Leben vor Augen zu führen. Wir sollen „unseren Blick auf Jesus richten ... Wenn ihr also in der Gefahr
steht, müde zu werden, dann denkt an Jesus! ... Wenn ihr
euch das vor Augen haltet, werdet ihr nicht den Mut verlieren" (Hebräer 12,2–3; Neue Genfer Übersetzung). So etwas
vermögen Verwandlungsgeschichten. Sie verleihen uns auf
unserem Weg zu Jesus neue Energie.

Geschichten von Leben, die auf den Kopf gestellt wurden, machen uns Mut, selbst etwas zu wagen. Wir haben
vielleicht nicht das gleiche Problem wie ein anderer und
doch gleichen sich unsere Wege in vielerlei Hinsicht. Menschen, die sich wirklich verändert haben, haben etwas zu sagen, das uns fesselt. Sie verhalten sich anders, weil sie anders
sind. Und das weckt in uns den Wunsch, etwas Ähnliches
zu erleben. Wir wollen Geschichten wie die von Lazarus hören – real, greifbar, sichtbar. Wir wollen eingeladen werden,
selbst Veränderung zu erfahren.

Auferweckt und auch so aussehen

Ich muss gestehen, dass ich, wenn ich im Supermarkt in der
Warteschlange an der Kasse stehe, nach einer der Zeitschrif-
ten greife, die dort bei uns in den USA ausliegen. Viele die-

ser Wochenzeitschriften erzählen „Verwandlungsgeschichten", etwa davon, wie jemand stark abgenommen, eine bestehende Karriere an den Nagel gehängt und eine neue hingelegt oder sich mit seiner Familie versöhnt hat. Nachdem ich einen derartigen Artikel überflogen habe, frage ich mich immer: *Erzählt dieser Mensch die Wahrheit? Und wenn ja, gelingt mir ja vielleicht das Gleiche ... Vielleicht sollte ich mein „Snickers" lieber zurücklegen, ehe die Kassiererin es einscannt.* Einen kurzen Moment lang bin ich hin- und hergerissen: Ich möchte so aussehen wie die Person auf dem „Nachher-Bild", aber ich möchte auch ein „Snickers" essen!

Im Grunde genommen wollen wir alle wahre Geschichten von Veränderungen hören. Alles andere reicht nicht. Fiktive Geschichten mögen uns zu Tränen rühren, aber wahre Geschichten wecken in uns den Wunsch nach Veränderung. Wir wollen hören, dass irgendjemand da draußen einen lebensverändernden Durchbruch hatte, heißt es doch, dass dies für uns ebenso möglich sein könnte.

Ein außergewöhnlicher Gott

Vielleicht denken Sie jetzt, dass Sie ja nicht Maria sind, die die Füße von Jesus mit Parfüm einreiben konnte. Vielleicht fühlen Sie sich auch nicht gerade wie ein zeitgenössischer Lazarus. Gibt es Hoffnung für diejenigen unter uns, die ein ganz gewöhnliches Leben führen – die viele Stunden an einem anspruchsvollen Arbeitsplatz verbringen, die versuchen, anständig durchs Leben zu gehen, die im Kindergottesdienst oder in einer Suppenküche mithelfen oder jeden Abend Pausenbrote schmieren, die die Kinder dann am nächsten Tag mit zur Schule nehmen? Gibt es Hoffnung für den Mann, der Gott ehren möchte, sich aber eigentlich richtig mies vorkommt, weil ihm das einfach nicht gelingt? Gibt es Hoffnung auf Erfüllung für die Mutter von kleinen

Kindern, die das Gefühl hat, dass ihre Bedürfnisse überhaupt nicht zählen?

Genau darum ist die Geschichte von Lazarus so wichtig für uns. Lazarus war kein Mann mit einer enormen Berufung wie Abraham. Er war auch kein König David. Er schrieb keine Psalmen und hat uns kein Tagebuch hinterlassen. Er gehörte nicht zu den zwölf Jüngern. Er ging nicht mit Paulus auf Missionsreise. Er stand Jesus auch nicht auf dessen Weg nach Golgatha bei. Er lebte ein unbedeutendes, einfaches, ganz gewöhnliches Leben in einem kleinen Ort namens Betanien. Und doch veränderte sein Erlebnis mit Jesus nicht nur sein Leben, sondern auch das der Menschen in seiner Umgebung.

Wir werden es zwar nicht unbedingt persönlich erleben, dass jemand von den Toten auferweckt wird, doch Jesus vollbringt auch heute in unseren Familien Wunder, die genauso real sind wie das in Betanien vor zweitausend Jahren. Ein gewöhnliches Leben, das von Gott berührt worden ist, hat Ausstrahlung und Auswirkungen. Gott gebraucht das ehemals herrschende Durcheinander, den Gestank und die Grabtücher unseres Lebens, um anderen zu helfen, ebenfalls Veränderung zu erleben. Mit anderen Worten: Zuerst werden wir zu neuen Menschen, dann gebraucht Gott unsere Geschichte, um wiederum andere zu neuen Menschen zu machen.

Die Geschichte von Andy und Joanne klingt wie ein Hollywood-Drama, ist aber wahr. Die beiden sind mittlerweile dreißig Jahre verheiratet. Sie heirateten noch während des Studiums an einer christlichen Universität und waren dann als Familie in ihrer Kirchengemeinde sehr aktiv. Von außen betrachtet schien ihr Leben erfolgreich zu sein; sie waren stets hilfsbereit und engagierten sich in der Gemeinde, in Tennisklubs und in der Nachbarschaft.

Doch ihr Privatleben lag in Scherben. Andy hatte im Laufe ihrer Ehe mehrere Affären. Nach jedem Seitensprung mit all seinen verheerenden Folgen versuchte er, wieder festen Boden unter den Füßen zu bekommen. Doch dann wurde Andy eines Tages von seinem Chef mit einer Sekretärin erwischt und verlor an einem Tag seinen Job, das Vertrauen seiner Ehefrau und das, was sein Leben auszumachen schien. Für Joanne war das Leben, das sie bislang geführt hatte, damit auch vorbei. Alles veränderte sich.

Andy, Joanne, ihr ältester Sohn und ihre engsten Freunde fanden sich in einem finsteren, trostlosen Grab wieder. Joanne sagt, sie habe ein Jahr lang jede Nacht geweint und sich gefragt: *Warum ist das geschehen? Was habe ich versäumt? Warum hat Andy mir das angetan? Was stimmt nicht mit ihm – mit mir?* Sie liebte Andy aus tiefstem Herzen, und obwohl ihr bewusst war, dass sie sich von ihm scheiden lassen konnte, ging sie ihrer eigenen Zerbrochenheit auf den Grund und wünschte sich nichts sehnlicher, als dass Andy das Gleiche tun würde. *Könnte Andy sich tatsächlich verändern? Oder ist es wirklich aus?* Ihr auf Illusionen gebautes Lebenshaus stürzte mit lautem Krachen ein und die Erschütterungen waren bis in ihre Gemeinde, ihre Schule und ihren Freundeskreis zu spüren.

Die Veränderung, die dann jedoch mit Andy und Joanne vor sich gegangen ist, zeigt, dass Menschen sich in der Tat verändern können. Ihnen standen Menschen zur Seite, die sich ebenfalls der Untiefen des Lebens bewusst waren – Männer und Frauen, die den Gestank des Grabes aus eigener Erfahrung kannten. Zwei Jahre lang trafen sich drei dieser Freunde – zwei von ihnen waren Älteste in der Gemeinde – jeden Mittwochabend mit Andy und Joanne, um ihnen die Möglichkeit zu geben, über ihre Gefühle, Enttäuschungen und die Illusionen zu reden, die sie unwissentlich gehegt hatten. Dieser Kreis von Freunden kümmerte sich liebevoll um die eiternden Verletzungen ihrer Seele. Andy und Joanne machten sich an die langwierige, mühevolle Aufgabe, sich zu verändern. Sie hegten die Hoffnung, dass ihre Liebe irgendwie neu entfacht werden könnte – eine Liebe, an der sie beide hingen. Schritt für Schritt kamen sie aus dem finsteren Grab des sicheren Todes heraus. Andy ging darüber hinaus auch noch zu einem Seelsorger, nahm sein Leben unter die Lupe, fand heraus, woran seine Seele krankte, und nahm Gott und sich selbst bewusster wahr als je zuvor.

Als ich Andy und Joanne anrief und sie um die Erlaubnis bat, ihre Geschichte in diesem Buch zu verwenden, erzählten sie mir, dass sie sich „lebendiger und verliebter fühlten als je zuvor". Joanne wurde gebeten, sich in der Frauenarbeit ihrer Gemeinde zu engagieren. Dieser Gemeinde ist es ein großes Anliegen, Menschen zu helfen, sich zu verändern. Der Pastor erklärte Joanne: „Ihre Aufgabe besteht hauptsächlich darin, Ihre Geschichte zu erzählen und den Frauen in ihren jeweiligen Lebenssituationen beizustehen. Seien Sie einfach Sie selbst, und zeigen Sie den Frauen, wie wichtig sie Ihnen sind."

Andy ist immer noch auf dem Weg. Der Verlust seiner Arbeitsstelle hat seiner Karriere geschadet und zu finanziellen Einbußen geführt, von denen die Familie sich immer noch erholt. Heute, sieben Jahre später, zeichnet sich gerade erst das Ende der beruflichen und finanziellen Turbulenzen ab.

Sam, das älteste der drei Kinder, ging noch zur Highschool, als seine Welt einstürzte. Tief verletzt und enttäuscht von seinem Vater vertraute Sam sich einem Lehrer an seiner Schule an. Heute bereitet er sich an der Uni auf ein Leben im Dienst für andere vor. Er sagt, er möchte mit Menschen arbeiten, und überlegt, Pastor zu werden. Sam hat keinen leichten Weg hinter sich. Aber er war mutig genug, sich seinen eigenen Illusionen zu stellen, und weigerte sich, sein Leben von Scham und Selbstvorwürfen bestimmen zu lassen.

Andy und Joanne werden heute gebeten, anderen ihre bemerkenswerte Geschichte zu erzählen. Das ist nicht ungefährlich, weil ihr jüngstes Kind das Chaos, in dem die

Eltern steckten, nicht miterlebt hat. Es ist auch deshalb gefährlich, weil eine solche Geschichte viel Schaden anrichten kann, wenn sie nicht richtig erzählt wird. Und es ist auch gefährlich, weil Andy und Joanne von nun an nicht mehr nur den Schein wahren möchten. Sie möchten ein echtes Leben führen, das diesen Namen auch verdient. Ausführlich erzählen sie ihre Geschichte nur in Gruppen, zu denen sie Vertrauen aufgebaut haben und wo eine offene und gleichzeitig geschützte Atmosphäre herrscht.

Andy und Joanne sind moderne Lazarusse: gewöhnliche Menschen, die Gott liebten, deren Leben aber zusammenbrach und die sich sagten: „Das Leben, wie wir es kannten, ist für uns nun aus und vorbei." Und in vielerlei Hinsicht ist ihr früheres Leben tatsächlich gestorben.

Heute zeigt sich die Frucht ihrer Veränderung überall um sie herum. Sie werden zu einer Inspiration für andere, denen sie vorleben, dass wahre Veränderung tatsächlich möglich ist. Nachdem sie die Illusion von der perfekten Ehe aufgegeben haben, erleben sie eine von Grund auf erneuerte Beziehung. Ihre Verletzungen und ihre Zerbrochenheit führten dazu, dass sie neu lebendig wurden. Ihr Grab wurde zur Geburtsstätte der Verwandlung. Heute erleben sie in ihrer Ehe eine Intimität, die ihnen bis dahin fremd war. In ihren Herzen ist eine neue Liebe erwacht.

Manch einer würde vielleicht sagen: „Wenn mein Partner mir das angetan hätte, hätte ich ihn verlassen!" Ja, manch einer würde das tun. Doch weil Joanne den mühsamen und schwierigen Veränderungsprozess in ihrer Ehe ausgehalten hat, hat sie sich selbst auch verändert. Und sie weiß mit Sicherheit, dass auch Andy ein anderer geworden ist. Heute sagt sie: „Ich würde mein neues Leben nie gegen mein altes eintauschen wollen. Verglichen mit dem, was ich heute habe, war es überhaupt kein Leben." Und Andy ergeht es ebenso.

Die Geschichte von Andy und Joanne ist nicht so einzigartig, dass Sie und ich daraus nicht die Kraft zur alltäglichen

Veränderung schöpfen könnten. Der Weg, den dieses Paar zurückgelegt hat, spiegelt lediglich das Leben wider, das wir alle brauchen und das wir uns alle wünschen. Denn wie wir im folgenden Kapitel sehen werden, ist dies schließlich die wunderbarste Verheißung Jesu.

Kapitel 10

Das Lazarusleben
Veränderung für ein ganzes Leben

Jesus sagte zu ihr: „Ich bin die Auferstehung und das Leben."
Johannes 11,25

• Ist das Leben, das Sie führen, auch das Leben, das Sie führen möchten?

Die wichtigste Frage, die wir uns hinsichtlich unseres geistlichen Lebens stellen können, lautet nicht: „Gibt es ein Leben nach dem Tod?" Die wirklich relevante Frage geht viel tiefer: „Gibt es ein Leben *vor* dem Tod? Oder wenigstens mehr als das, was ich bisher erfahren habe?" Die Geschichte von Lazarus liefert uns die Antwort. Wir müssen über den meistzitierten Satz aus dieser Geschichte hinausblicken – den Satz, den wir am Grab unserer Freunde und Angehörigen hören: „Ich bin die Auferstehung und das Leben." Denn nicht nur auf dem Friedhof müssen wir solche fesselnden Worte hören. Wir müssen sie jetzt hören, ehe es zu spät ist, das eine Leben, das uns gegeben wurde, zu leben. Von dem berühmten Schriftsteller Victor Hugo stammt der Ausspruch: „Sterben ist nichts; grausam ist nur das Los, nicht zu leben." Lazarus hilft uns dabei, dem, was uns Angst macht, mutig zu begegnen und willig den Weg anzunehmen, der zum wahren Leben führt.

Lassen Sie uns noch einmal zur Geschichte zurückgehen. Als Jesus endlich in Betanien eintraf, war Marta enttäuscht und grollte. Trotzdem wusste sie, dass ihr Bruder auferstehen würde – „am Tag der Auferstehung, wenn alle Menschen auferstehen" (Johannes 11,24). Maria glaubte vermutlich dasselbe. Doch Jesus sprach nicht vom Ende aller Zeiten; er sprach von der Gegenwart. Jesus hatte den Schwestern im Hier und Jetzt mehr zu bieten. Und er hat auch uns mehr zu bieten.

- Was ist das Mehr, das Sie sich für Ihr Leben erträumen?
- Was ist das Mehr, das Sie sich wünschen?
- Was ist das Mehr, das Sie brauchen?
- Fällt Ihnen bereits die Beantwortung dieser Fragen schwer?

Einige Zeit vor der Auferweckung von Lazarus sagte Jesus einmal, er sei gekommen, um uns Leben in ganzer Fülle zu schenken. Das Leben in Fülle ist genau dieses „Mehr" an Leben – es ist das auferweckte Leben. Wenn wir diese Aussage von Jesus (Johannes 10,10) in verschiedenen Übersetzungen nachlesen, bekommen wir eine klarere Vorstellung von dem Leben, das er den Menschen anbieten möchte, die ihm nachfolgen:

- „Ich bin gekommen, damit sie das Leben und *volle Genüge* haben sollen" (Luther).
- „Ich aber bin gekommen, um ihnen das Leben zu geben, *Leben im Überfluss*" (Gute Nachricht).
- „Ich aber bin gekommen, um ihnen das Leben zu bringen, *ein Leben in unvorstellbarer Fülle*" (Kammermayer).
- „Ich will dagegen ein *echtes, total erfülltes Leben* ermöglichen" (Volxbibel).

Das Thema „Leben" zieht sich wie ein roter Faden durch die Schriften des Apostels Johannes. Dabei lässt er keinen Zweifel daran, wer die Quelle dieses Lebens in ganzer Fülle ist: Jesus. Nichts und niemand sonst. Nicht überraschend, wenn man bedenkt, dass dies der Jünger ist, den Jesus lieb hatte.

- „Das *Leben* selbst war in ihm [Jesus]" (Johannes 1,4).
- „... damit jeder, der glaubt, das ewige *Leben* hat" (3,15).
- „Und alle, die an den Sohn Gottes glauben, haben das ewige *Leben*" (3,36).
- „Nur du [Jesus] hast Worte, die ewiges *Leben* schenken" (6,68).
- „Und das ist der Weg zum ewigen *Leben*: Dich zu erkennen, den einzig wahren Gott" (17,3).
- „Diese [Wunder] aber wurden aufgeschrieben, damit ihr glaubt, dass Jesus der Christus ist, der Sohn Gottes, und damit ihr durch den Glauben an ihn in seinem Namen das ewige *Leben* habt" (20,31).[1,2]

Von allen heutzutage miteinander konkurrierenden Quellen des Lebens schenkt Jesus allein wirkliches Leben. Leben heißt, in der Nähe Jesu zu leben, Jesus nah zu sein. In gewisser Hinsicht war Lazarus Jesus nie näher als in dem Augenblick, als er aus dem Grab kam. Sehen Sie sich noch einmal das Bild von Giotto an. Lazarus wirkt fest entschlossen. Er weiß genau, wohin er geht – er geht auf Jesus zu. Je näher wir Jesus sind, desto lebendiger werden wir. Jesus und Leben, das ist ein und dasselbe. Wenn wir uns schrittweise auf ihn zubewegen – wenn wir in der Nähe von Jesus sind –, können wir erkennen, was geschehen wird. Lazarus wird leben, wie er nie zuvor gelebt hat! Jesus bot Lazarus etwas, das die Welt nicht bieten kann: LEBEN! Und er bietet uns heute dasselbe an!

Fern von Jesus wissen wir nur wenig von diesem Leben, unsere Vorstellungen sind verzerrt; wir glauben an das Überleben des Stärkeren, an das Streben nach Besitz und daran, dass es schon irgendwo einen Schönheitschirurgen geben wird, der es richten kann, wenn an uns etwas erschlafft. Doch das Leben ist mehr, als nur zu *über*leben, mehr, als zu horten, und sicherlich mehr als die ewige Jugend.

Bei Jesus finden wir das, wonach wir uns am meisten sehnen und was wir am nötigsten brauchen. Dies ist die Botschaft, die Lazarus letztendlich hörte, und ebendiese Botschaft müssen auch wir hören, wenn es für uns irgendeine Hoffnung auf wahres Leben geben soll. *Öffne die Ohren unseres Herzens, Herr.*

Leben ist mehr

Doch Ja zu dem „Mehr" zu sagen heißt auch, Nein zu dem „Weniger" zu sagen; zu den Stimmen, die uns täuschen, weil sie uns Auferweckung versprechen, aber nicht Wort halten können. Es ist erstaunlich, wie schnell wir auf diese falschen

Stimmen hereinfallen. Verlieren Sie im Alltag ebenfalls viel zu oft die folgenden Wahrheiten aus dem Blick?

Das Leben ist mehr als Arbeit. Viele verschiedene Stimmen wollen uns glauben machen, dass wir Macht und Lebendigkeit – sogar Leben in Fülle – in dem finden, was wir tun, und nicht in dem, was wir sind.

Das Leben ist mehr als ein anderer Mensch. Ein Ehepartner, Freund, Kind oder Elternteil wird für uns nur zu leicht die Auferstehung und das Leben, wenn wir alle unsere Sehnsüchte und Träume auf ihn oder sie konzentrieren.

Das Leben ist mehr als Geld. Wenn wir unser Selbstwertgefühl vom Geld abhängig machen, dann stehen unsere wahre Identität und unsere Integrität auf dem Spiel. Für Jesus war Geld ein rivalisierender Gott. Und das sollte es für uns auch sein.

Das Leben ist mehr als Sex. Wir leben in einer sexbesessenen Kultur. Die Ursache für diesen Missstand ist das verzweifelte menschliche Bedürfnis, geliebt zu werden. „Sex zu haben" ist etwas völlig anderes, als unserem Ehepartner unsere Liebe zu zeigen.

Das Leben ist mehr als die Gemeinde. Selbst eine Gemeinde kann zum Ersatz für die wahre Auferstehung und das Leben werden. Wir sind kulturbedingt von Größe, Macht und Prestige fasziniert, was wiederum Einfluss darauf hat, wie wir christliche Gemeinschaften beurteilen. Wie wir gesehen haben, ist die Gemeinschaft mit anderen Menschen ein wesentlicher Faktor für unser geistliches Wachstum. Doch Jesus hat nie gesagt, dass die Gemeinde unser Leben sein würde. Hätte er das gemeint, hätte er die Gemeinde mit Sicherheit häufiger erwähnt.[3]

An jedem neuen Tag haben wir die Möglichkeit zu entscheiden, was wir zur Quelle machen, aus der wir Leben schöpfen. Der Dichter David Whyte erinnert uns daran, dass wir „manchmal eine bestimmte Lebensart aufgeben müssen, um wieder zurück zu dem Leben zu kommen, das wir eigentlich leben wollten"[4]. Was müssen wir aufgeben? Um in den Genuss des Lebens zu kommen, das Jesus beschreibt, wird es unumgänglich sein, dass wir unser bisheriges Leben aufgeben oder verändern – was auch in dem in diesem Kontext gerne verwendeten Begriff „Umkehr" zum Ausdruck kommt. Auf dem Weg zu Jesus müssen wir mehr als nur einmal umkehren. Wir werden unsere Richtung und die Art und Weise, wie wir unser Leben führen, auf dem Weg zu Jesus viele Male ändern müssen.[5] Genau wie Marta stehen auch wir vor der Wahl, ob wir Jesus glauben oder nicht. Wie wir uns entscheiden, hat großen Einfluss auf die Qualität des Lebens, das wir führen.

Lasst uns unser Verhalten überprüfen und wieder zum Herrn umkehren (Klagelieder 3,40).

Vielleicht haben wir einen überfüllten Terminkalender, Verpflichtungen, die uns die Lebensfreude rauben, oder Beziehungen, die enttäuschend und schmerzhaft sind. Und vielleicht haben wir tatsächlich keine Möglichkeit, etwas an diesen Umständen zu ändern. Aber vielleicht hat die Geschichte von Lazarus auch etwas zutage gefördert, das in unserem Leben doch neu geordnet, verändert werden kann. Vielleicht hilft es uns, schwierige Umstände zu „entwirren", wenn wir die in diesem Buch beschriebenen Schritte gehen und uns in Bewegung setzen.

Ich frage Sie noch einmal: Ist das Leben, das Sie zurzeit leben, auch das Leben, das Sie leben möchten?

Das Drei-Dollar-Evangelium

Viel zu viele von uns führen ein relativ stabiles Leben und sind trotzdem unerfüllt. Unersättlich versuchen wir mal dies, mal jenes, um unsere tiefsten Sehnsüchte zu stillen. Der Theologe D. A. Carson schrieb einmal ein kleines Stück mit dem Titel „Für drei Dollar Evangelium, bitte". Ich fürchte, viele von uns wünschen sich, man könnte die Auferstehung tatsächlich für drei Dollar erwerben. Im Folgenden beschreibt Carson das Leben, das manche von uns bewusst oder unbewusst anstreben:

Für drei Dollar Evangelium, bitte.

Nicht zu viel – gerade genug, um mich glücklich zu machen, aber nicht so viel, dass ich davon süchtig werde.

Ich möchte nicht so viel Evangelium, dass ich lernen könnte, Begierde und Lust tatsächlich zu hassen.

Und ich möchte bestimmt nicht so viel, dass ich anfangen könnte, meine Feinde zu lieben, Selbstverleugnung zu schätzen und darüber nachzudenken, mich als Missionar in irgendeine wildfremde Kultur zu begeben.

Ich möchte Glücksgefühle, nicht Buße.

Ich möchte Transzendenz, nicht Transformation.

Ich möchte von netten, vergebungsbereiten, aufgeschlossenen Menschen geschätzt werden, aber ich selbst will Menschen anderer Nationalität nicht lieben – erst recht nicht, wenn sie stinken.

Ich möchte gerne genug vom Evangelium, um meine Familie abzusichern und meinen Kindern gutes Benehmen beizubringen, aber nicht so viel, dass meine Ambitionen in andere Bahnen gelenkt werden könnten oder ich übermäßig viel spenden würde.

Ich möchte gerne für drei Dollar Evangelium, bitte.[6]

Im Folgenden möchte ich Carsons Text paraphrasieren und den Schwerpunkt dabei auf die Auferstehung legen:

Für drei Dollar Auferstehung, bitte.

Ich möchte genug, um lebendig zu sein – aber nicht so viel, dass ich Jesus zu nahe kommen könnte.

Und ich möchte bestimmt nicht so viel Auferstehung, dass ich zu einer Familie aus Grabtücher tragenden Brüdern und Schwestern gehören muss, statt bloß Mitglied in einer Gemeinde zu sein.

Ich möchte den Trost des Vaterunsers, aber keine Vertraulichkeit mit dem Vater-Gott.

Ich möchte eine „Sie. kommen aus dem Gefängnis frei"-Karte, aber keine richtige Veränderung.

Ich hätte gerne einen höheren Lebensstandard, aber nicht, wenn ich dafür das tun müsste, was der reiche Jüngling sich zu tun weigerte.

Ich möchte genug Auferstehung, um aus dem Grab zu kommen, aber ich habe wirklich überhaupt keine Lust, mich an die mühselige Arbeit des Grabtücherabwickelns zu machen.

Ich denke zwar, dass ich Leben in ganzer Fülle möchte, aber vielleicht tut es Überleben ja auch.

Ich möchte gerne für drei Dollar Auferstehung, bitte.

Was bekommen Sie für drei Dollar? Nicht viel. Ganz bestimmt nicht wahres Leben.

Es gibt mehr! Woher ich das weiß? Ich spreche als jemand, der das Lazarusleben lebt.

Erzählen

Ich muss Ihnen unbedingt erzählen, wie Jesus *mehr* aus meiner Beziehung zu meinem Vater und meiner Mutter gemacht hat und vieles, was in mir zerbrochen war, verändert hat. Sie werden sich vielleicht noch daran erinnern, dass ich aufgrund von Verletzungen, die ich mir als Heranwachsender in meiner Familie zugezogen hatte, eher durchs Leben humpelte. Manchmal fragte ich mich, ob ich die Binden jemals loswerden würde, die sich wie Ketten um mein Herz gelegt hatten.

Ich kann Ihnen sagen, dass ich im Laufe der Jahre mit der sanften Unterstützung von Freunden, die mir beim Abwickeln der Grabtücher halfen, mehr Freiheit und Heilung gefunden habe, als ich das je für möglich gehalten hätte. Ich fühlte mich wie neugeboren! Ärger, Enttäuschung und Bitterkeit sind dank der geheimnisvollen Kraft der Liebe in die kostbare Gewissheit verwandelt worden, dass ich wahrhaft geliebt wurde und werde. Es hat anders ausgesehen, als ich es mir vorgestellt hatte, doch dies war mein eigener Weg, um HIER UND HEUTE zu leben. Allerdings habe ich Ihnen bisher nur erzählt, dass mein Leben auf den Kopf gestellt wurde. Jetzt möchte ich Ihnen zeigen, wie das geschehen ist.

Zeigen

Vor einigen Jahren – ich war Mitte vierzig – fuhr ich meine Eltern besuchen. Und zwar nicht etwa auf elterliche Anordnung hin, sondern als Versuch eines Mannes, kindliche Verhaltensweisen abzulegen. Als ich meine damals achtzigjährige Mutter begrüßte, bat ich sie aufzustehen. Während ich sie dabei stützte, nahm ich ihre alten Arme, legte sie um meine Taille und hielt sie dort einen Augenblick fest. Und in diesem Moment vollzog sich eine Veränderung; es war eine heilsame Umarmung. Die kleine Seele in meinem großen Körper wurde so umarmt, wie ich mir das immer gewünscht hatte. Diese Umarmung war genau das, was mein Herz gebraucht hatte. Es mag Ihnen unwesentlich erscheinen, aber für mich war es ein weiterer Schritt auf meinem Weg vom Grab zum Leben.

Meine Mutter war von meinem Verhalten überrascht. Ich beschloss, bei meinem Vater etwas Ähnliches zu versuchen, um die Kluft zwischen ihm und mir zu überbrücken, und lud ihn zum Essen ein. Dieses Essen sollte jedoch mehr als nur ein Mittagessen sein. Ich hatte eine ganze Liste mit Fragen, die ich mit ihm zusammen durcharbeiten wollte. Daher schlug ich ein einfaches Restaurant vor, das auf halber Strecke zwischen seinem Wohnort und dem meinen lag – ich versuchte, ihm auf halber Strecke entgegenzukommen. Wir bestellten beide Suppe, und plötzlich war es wieder wie früher, als ich neben meinem schweigenden Vater am Frühstückstisch gesessen hatte. Doch der Bann der Vergangenheit kann gebrochen werden, wenn man sich bewusst darum bemüht; dieser Tag sollte anders sein. Er sollte mehr bringen.

Meine Worte waren mutig, doch mein Herz raste: „Papa, ehe du stirbst, muss ich noch ein paar Dinge von dir wissen."

Ich hielt das für eine faire Eröffnung, die als Einstieg zu einem offenen Gespräch gedacht war. Die Reaktion meines Vaters traf mich völlig unvorbereitet. Er lehnte sich in seinem Stuhl zurück, als wollte er sich nach einem vermeintlichen Angriff in Stellung bringen, und erwiderte: „Steve, ehe du stirbst, muss ich noch ein paar Dinge *von dir* wissen." Damit hatte er mich kalt erwischt. Auf diese Wendung des Gesprächs war ich nicht im Geringsten eingestellt gewesen.

Für einen Moment verschlug es mir die Sprache. Doch der Mut behielt die Oberhand. Ich entgegnete: „In Ordnung. Wie es scheint, wollen wir beide vom anderen etwas wissen. Ich fange an." Ich hielt inne, schluckte einen dicken Kloß im Hals hinunter und erklärte: „Ich muss hören, dass du einmal sagst: ‚Steve, ich liebe dich.'" Dann rührte ich so fieberhaft in meiner Suppe, wie ein Mann nassen Zement rührt, bevor er ihn weiterverarbeitet.

Er sagte es ohne Scham. Ohne sich zu entschuldigen. Schlicht. Aber mutig. „Steve, ich liebe dich wirklich." Er hielt inne und fügte dann hinzu: „Und kannst du mir jetzt auch sagen, dass du mich liebst?"

Mir fiel sofort eine Lektion von meinem Freund Lazarus ein: Jeder von uns steckt in einem Grab und bemüht sich darum, da herauszukommen. Offensichtlich hatte ich, da ich mich selbst nach Liebe verzehrte, zu meinem Vater nie aufrichtig die drei kleinen Worte gesagt, die auch er so dringend hören musste. Vermutlich hatte ich sie ihm nur aus Pflichtgefühl gesagt; weil ich ein gehorsamer Sohn war, der seinem Versorger zu Dank verpflichtet war. Mein Vater und ich sehnten uns nach demselben, dem Einzigen, das wahrhaft verändert: Liebe.

Die Arme meiner Mutter um meine Taille. Die Worte meines Vaters über einem Teller Suppe. Die so schmerzlich vermissten Worte seines Sohnes. Welche Form die Liebe auch annimmt, sie ist immer noch das Einzige, das unsere verletzten Seelen heilt. Genau das brauchte Lazarus. Und das brauchten auch mein Vater und ich. Und unsere Welt. Heute.

Ich spreche als jemand, der Veränderung erfahren hat. Diese kleinen Liebesbezeugungen nährten eine Liebe, nach der ich immer gehungert hatte. Als Kind suchte ich diese Liebe an allen möglichen Orten. Als Erwachsener jagte ich ihr immer noch nach. Die lebendige Beziehung, die zwischen meinen Eltern und mir entstanden ist, kommt mir so vor, als wäre zwischen uns etwas auferweckt worden. Jetzt gibt es Verständnis. Frieden. Annahme. Das hätte ich niemals aus eigener Kraft bewirken können. Es war viel eher so, als hätte man mir die Chance gegeben, wieder wirklich zu leben, wieder zu lieben, als ein neuer, gesunder Mann zu leben.

Wofür leben Sie?

Thomas Merton schrieb: „Fragen Sie mich nicht, was ich esse oder wo ich schlafe. Fragen Sie mich, wofür ich lebe und was mich daran hindert, ganz dafür zu leben." Lassen Sie Mertons Fragen nicht zu schnell hinter sich. Denken Sie eine Weile darüber nach, ehe Sie weiterlesen.

Wofür leben Sie? Ist das Leben, das Sie führen, auch das Leben, das Sie führen möchten?

Möglicherweise verrät Ihre Antwort, dass Sie in Wirklichkeit eher in einem Grab leben, als dass Sie das erneuerte Leben führen, das Jesus Ihnen schenken möchte. Glauben Sie Lügen über sich selbst, die Sie daran hindern, das Auferstehungsleben zu erfahren? Was hält Sie davon ab, das Leben zu führen, das Jesus Ihnen anbietet? Vergessen Sie nicht, dass zu einem veränderten Leben auch vermehrte Selbst- und Gotteserkenntnis gehört. Diese Erkenntnis atmet Leben, nicht Tod. Dies ist die Erkenntnis, die zur Auferstehung führt. Dies ist das „Mehr".

Es sollte kein Luxus sein, solche Fragen zu stellen. Sie gehören zu den wichtigsten Fragen, die wir uns je stellen werden; es sind Fragen, die uns bewusst machen, dass wir immer noch Veränderungen vornehmen können, da Veränderung ein unablässiger Prozess ist.

Denn schließlich ist Veränderung ein Geschenk, weil sie von Gott vollbracht wird und nicht von uns. Lazarus tat zunächst nichts anderes, als die Stimme der Liebe zu hören. Diese Chance zum Neuanfang, zur Neuorientierung und zur Generalüberholung offenbart die unvergleichliche Gnade Gottes. Mein Innerstes wird allmählich heil. Und das dürfen auch Sie erfahren! Wir können nur *ein* Leben führen, erhalten aber in diesem einen Leben viele Gelegenheiten, unseren Kurs zu korrigieren. Und als umgewandelter Mensch zu leben ist ein Vorrecht, das wir ein Leben lang genießen können.

Glauben Sie das?

„Ich bin die Auferstehung und das Leben. Wer an mich glaubt, wird leben, auch wenn er stirbt" – diese Worte waren eine Einladung, wirklich zu leben. Jesus sagte sie nicht zu dem verstorbenen Lazarus, sondern zur lebenden Marta. Ihr muss das Herz bis zum Hals geklopft haben, sie muss nach Luft geschnappt haben, als sie Jesus endlich kommen sah. Doch was das Leben selbst anging – möglicherweise hatte Marta bis dahin lediglich existiert.

Darum fühlte Jesus Marta auf den Zahn. Darum akzeptierte Jesus ihr lehrbuchhaftes Glaubensbekenntnis nicht. Darum stellte er ihr die wichtigste aller Fragen: „Glaubst du das?" (Johannes 11,26).

Das „Lazarusleben" ist auch unser Leben. Seine Geschichte ist unsere Geschichte! Und die Marta gestellte Frage ist unsere Frage: *Glauben Sie das?* Glauben Sie das, was Sie über den ganz gewöhnlichen Menschen namens Lazarus gehört haben? Glauben Sie, dass unser Leben – das Leben, das Gott für uns im Sinn hat – ein Leben anhaltender, schrittweiser Umwandlung ist? Glauben Sie, dass im geistlichen Leben der Weg genauso wichtig ist wie das Ziel? Glauben Sie, dass dieses Leben mehr zu bieten hat? Hier und heute? Und dass sein Name Jesus ist? Und dass Sie, wenn Sie auf das Leben nach dem Tod warten, um dann *endlich* zu leben, an dem Leben vorbeileben, das Jesus Ihnen schenken möchte?

Marta beantwortete die Frage für sich. Ich habe sie auch schon für mich beantwortet. Sie allein können sie für sich beantworten.

Hören Sie es? Die Stimme der Liebe, die Ihnen zuruft: „Komm heraus, ich liebe dich. Ich weiß, dass es nicht einfach ist, aber ich werde bei dir sein. Und auch Freunde werden dir zur Seite stehen. Ich weiß, du glaubst nicht, dass du es schaffen kannst, aber vertraue mir. Ja, es wird wehtun, aber ich liebe dich. Das Leben, das ich dir verheißen habe, wartet bereits. Bleib nicht stehen, geh stolpernd immer weiter. Ich liebe dich. Und habe dich immer geliebt."

Ist dir das egal, wie lieb Gott mit dir umgeht und mit wie viel Geduld er sich um dich kümmert? Kapierst du nicht, dass Gott mit seiner Liebe dich dazu bewegen will, dein Leben zu ändern? (Römer 2,4; Volxbibel).

Anmerkungen

Dank

[1] Sie können sich das Bild „Die Auferweckung des Lazarus" u. a. unter folgender Internetadresse anschauen: http://www.giottodibondone.org/No.-25-Scenes-from-the-Life-of-Christ--9.-Raising-of-Lazarus-1304-06-large.html (Zugriff am 17.08.2010)

Kapitel 1

[1] In der Übersetzung von Eugene Peterson klingen die berühmten Worte Jesu wie folgt: Jesus ist gekommen, um uns „wirkliches und ewiges Leben, mehr und besseres Leben, als sie [wir – Sie und ich] es sich je hätten träumen lassen, zu geben" (Johannes 10,10; The Message).

[2] Jesus sagte: „Die Worte, die ich zu euch geredet habe, sind nicht einfach Anbauten an euer Leben, es sind keine Umbaumaßnahmen, um euren Lebensstandard zu erhöhen. Es sind fundamentale Worte, Worte, auf die man sein Leben bauen kann" (Lukas 6,47; The Message).

[3] Die folgenden Verse können uns helfen zu verstehen, wie es um unser Innerstes bestellt ist: Römer 3,23; 6,23; 1. Johannes 1,8–10.

⁴ Jesus kritisierte die Pharisäer scharf dafür, dass sie lediglich nach äußerlichen Veränderungen strebten, nicht aber nach einer dauerhaften, den ganzen Menschen betreffenden Veränderung. Siehe Matthäus 23,25–26.

⁵ Der Unterschied zwischen Veränderung und Pseudo-Veränderung wird beschrieben in *The Transformation of a Man's Heart* (Downers Grove: IVP, 2006), Stephen W. Smith (Hrsg.).

⁶ Giotto di Bondone war ein italienischer Künstler der Vorrenaissance, der zum Vorreiter für die neue Art der Darstellung von Emotionen und Wesenszügen wurde. Der 1267 in Florenz geborene Künstler wurde für sein Werk bereits zu Lebzeiten berühmt und gilt bis heute als bedeutender Maler. Mehr über Giotto di Bondone und andere Künstler, die die Auferweckung des Lazarus gemalt haben, erfahren Sie unter www.lazaruslife.com. Dort finden Sie weitere Informationen, Materialien für Gruppen und Ideen zum „Lazarusleben" sowie Musikvorschläge, eine Bildergalerie zu Lazarus, Videoclipvorschläge, einen Blog, Konzepte für Predigten und vieles mehr (auf Englisch).

Kapitel 2

¹ Eugene Peterson in „Introduction to Habakkuk", in: *The Message/Remix* (Colorado Springs, CO: NavPress, 2006), S. 1378.

² Ein Ausdruck von Parker J. Palmer: *Let Your Life Speak* (San Francisco: Jossey-Bass, 2000), S. 64.

³ Ebd.

⁴ Gerald G. May: *The Wisdom of Wilderness* (San Francisco: HarperSanFrancisco, 2006), S. 90.

⁵ Henri Nouwen: „A Spirituality of Waiting – Being Alert to God's Presence in Our Lives", in: *Weavings*, Januar 1987, http://www.upperroom.org/weavings

[6] Das Lied von Sara Grove „Remember, Surrender" wurde in einem „Grab" geschrieben und hilft uns zu verstehen, was es heißt, sich in Gottes Arme fallen zu lassen.

[7] L. B. Cowman: *Streams in the Desert* (Grand Rapids, MI: Zondervan 1997), S. 24–25.

[8] Ebd.

[9] Ich stieß auf diese Idee in Oswald Chambers' wunderbarem Andachtsbuch „Mein Äußerstes für sein Höchstes" im Eintrag für den 30. Juli. Gail MacDonald vertieft dieses Thema in ihrem Buch *A Step Farther and Higher* (Multnomah, 1993).

[10] Oswald Chambers: „Mein Äußerstes für Sein Höchstes" (Wuppertal: Blaukreuzverlag 1998), S. 329–330.

Kapitel 3

[1] „I Dreamed a Dream", Herbert Kretzner, aus *Les Misérables*, 1985. Diese wörtliche Übersetzung von Barbara Schuler.

[2] In welche Notlagen Paulus unter anderem geriet, können Sie nachlesen in 2. Korinther 11,23–27, 1. Korinther 15,30–32 und Apostelgeschichte 19,23–40.

[3] Cowmans: *Streams in the Desert*, S. 369.

[4] Charles Dickens: „Eine Geschichte zweier Städte". http://gutenberg.spiegel.de/?id=12&xid=418&kapitel=2&cHash=1fd7ff3cb62 (Zugriff am 10.08.2010)

[5] Johann Calvin: „Unterricht in der christlichen Religion" (Neukirchen-Vluyn: Neukirchener, 1997), S. 1.

[6] Henri Nouwen: *The Way of the Heart* (New York: Ballantine Books, 1981), S. 16.

[7] M. Craig Barnes: *When God Interrupts* (Downers Grove: IVP, 1996), S. 123.

[8] David Whyte: „Sweet Darkness", in: *The House of Belonging* (Langley, WA: Many Rivers Press, 1996), S. 23.

Kapitel 4

[1] David G. Benner: *Surrender to Love* (Downers Grove: IVP, 2003), S. 11.

[2] Bill Leonard in: „Transforming Ministry for a Changing World". *Wake Forest School Bulletin*, 2007–2008, S. 1.

[3] Walter Trobisch: „Liebe dich selbst" (Wuppertal: R. Brockhaus, 1975), S. 17.

[4] Henri Nouwen: „Du bist der geliebte Mensch" (Freiburg: Herder, 1993), S. 26.

[5] Ebd., S. 27–29.

[6] Benner: *Surrender to Love*, S. 10.

[7] Philip Yancey: „Gnade ist nicht nur ein Wort" (Wuppertal: Brockhaus, 1999), S. 38.

[8] Ich kann Ihnen nur empfehlen, Paulus' Aufzählung der „Frucht des Geistes" aus Galater 5,22–23 einmal in der Übersetzung „The Message" (auf Englisch) zu lesen. Genau diese Art Umwandlung möchte Gott uns schenken. Wenn wir diese Frucht nicht bei uns finden, muss etwas mit uns geschehen. Paulus' Worte, die Eugene Peterson so meisterhaft wiedergibt, vermitteln uns eine klare Vorstellung davon, was es heißt, veränderte Menschen zu sein.

[9] Wenn Sie diese faszinierende Geschichte einmal am Stück lesen möchten, finden Sie sie in 2. Mose 3,1–15. Gott offenbart uns und Mose seinen Namen, weil Mose „hinging".

[10] David Whyte: „The Opening of Eyes", in: *River Flow: New & Selected Poems 1984–2007* (Langley, WA: Many Rivers Press, 2007), S. 31.

[11] Martin Luther: „Dr. Martin Luthers sämtliche Werke", Bd. 14, S. 91.

[12] Im Chinesischen setzt sich der Ausdruck für „Geschäftigkeit" aus zwei Zeichen zusammen: aus dem für „Herz" und dem für „Betäubung".

[13] Benner: *Surrender to Love*, S. 16.

Kapitel 5

[1] Solche Aufzählungen von konkreten Sünden finden Sie zum Beispiel in 1. Korinther 6,9–10, Galater 5,19–21 und Kolosser 3,5–10.

[2] Lesen Sie einmal nach, was Jesus zu den Pharisäern sagt (Matthäus 23). Man nennt diese Rede auch „Die sieben Wehrufe", weil Jesus darin scharfe Kritik an Menschen übt, die sich für untadelig halten und davon überzeugt sind, dass sie durch eigene Anstrengung gerettet sind.

Kapitel 6

[1] Für eine detaillierte Auseinandersetzung mit John Newtons Bekehrungsgeschichte und der „Anatomie der Bekehrung" empfehle ich Ihnen Gerald L. Sittser: *Water from a Deep Well* (Downers Grove: IVP, 2008), S. 232–255.

[2] John Newton sprach vor dem Abendessen immer ein Gebet. Einmal, so wird berichtet, habe er eine längere Version dieses Zitats gebetet, nachzulesen im *Westminster Shorter Catechism Project* von John Whitecross. http://www.bpc.org/resources/whitecross/wsc_wh_035 (Zugriff am 12.08.2010).

[3] *The Journey*, das Buch von Alister McGrath, macht die Reise des Christen ausgezeichnet verständlich.

[4] Howard Baker: „The Spiritual Journey", in: *The Transformation of a Man's Heart*, Stephen W. Smith (Downers Grove: IVP, 2006), S. 25.

5 Siehe Matthäus 23,25.

6 David G. Benner: *The Gift of Being Yourself* (Downers Grove: IVP, 2004), S. 56–57.

7 Eugene Peterson hat uns mit seinem inspirierenden Buch *The Jesus Way* (Eerdmans, 2007) ein Geschenk gemacht.

Ich kann Ihnen dieses Buch wärmstens empfehlen, wenn Sie sich damit befassen möchten, wie Jesus sein Leben lebte und wie wir uns an ihm ein Beispiel nehmen können.

8 Zitiert in *Alive in Christ* von Maxie Dunnam (Nashville: Upper Room, 1986), S. 51.

9 Dies sagte Johannes der Täufer über seinen Cousin Jesus, als er sich zu seiner Rolle und Position gegenüber Jesus Christus äußerte (Johannes 3,30).

Kapitel 7

1 Siehe Matthäus 26,12; Lukas 23,53; Johannes 19,40 und Apostelgeschichte 9,37.

2 *Mark, New Bible Commentary*, hrsg. von Guthrie, Motyer, Stibbs, Wiseman (Grand Rapids, MI: Wm. B. Eerdmans), S. 862.

3 Für eine ausführlichere Darstellung zum Thema „Gottes geliebte Kinder sein und werden" siehe *Embracing Soul Care* von Stephen W. Smith (Kregel, 2006), S. 47–60.

4 Frederick Buechner: *Wishful Thinking: A Seeker's ABC* (San Francisco: HarperSanFrancisco, 1993), S. 39.

5 Siehe Psalm 103,10.12; Jesaja 43,25; Jesaja 55,7.

6 2. Korinther 5,17; Johannes 3,17; Johannes 5,24 und Hebräer 8,12.

Kapitel 8

1 „Einander" ist ein Ausdruck, den die Verfasser der neutestamentlichen Schriften über fünfzigmal verwenden, wenn sie uns ermahnen, in Gemeinschaft miteinander zu leben. „Liebt einander" ist ein häufig in der Bibel vorkommender Ausdruck. „Lehrt einander", „bekennt ei-

nander eure Sünden", „macht einander Mut" sind nur einige wenige Beispiele für diesen biblischen Sprachgebrauch.

2 Henri Nouwen: *Reaching Out* (New York: Image, Doubleday, 1975), S. 72.

3 Vor allem diese Geschichte war es, die mich dazu bewogen hat, einen solchen Ort für Menschen zu schaffen; wir haben ihn „The Potter's Inn" genannt.

Kapitel 9

1 Chambers: „Mein Äußerstes für sein Höchstes", S. 34.

2 Thomas R. Kelly: *A Testament of Devotion* (New York: HarperOne, 1996), S. 92.

3 Wie berichtet in *20/20, ABC Television and Excellence in Giving* in Colorado Springs, CO (14. September 2007).

Kapitel 10

1 Zu einem späteren Zeitpunkt schreibt Johannes über die Quelle des Lebens: „Wer an den Sohn Gottes glaubt, hat das Leben; wer aber an den Sohn Gottes nicht glaubt, hat auch das Leben nicht" (1. Johannes 5,12).

2 Weitere Bibelverse zum Thema „Leben" aus den Schriften von Johannes: siehe Johannes 1,4; 3,15–16; 5,24; 5,40; 6,63; 6,68; 10,10; 11,25; 14,6; 17,3; 20,31; 1. Johannes 1,1–3; 2,25; 5,11–12. In der gesamten Offenbarung verweist Johannes immer wieder auf das „Buch des Lebens" als ein Dokument, in dem die Namen aller Menschen verzeichnet sind, die leben werden.

3 Jesus gebrauchte das Wort „Gemeinde" nur zweimal. Wir finden es in Matthäus 16,18 – „Ich werde meine Gemeinde bauen" – und in Matthäus 18,17.

[4] David Whyte: *Crossing the Unknown Sea* (New York: Riverhead Books, 2001), S. 77.

[5] Der englische Liederdichter Isaac Watts beschrieb in seiner Hymne „Oh, der Gnade Schuldner bin ich" eine andere Art von Bindung, die entstehen muss: nicht mit Grabtüchern, sondern mit den Stricken der Liebe und Gnade.

Oh, der Gnade Schuldner bin ich,
täglich neu auf Erden hier!
Wie mit Fesseln, Gnade, halt mich,
halt mein rastlos Herz bei dir.
Fort, so zieht's mich, Herr, ich spür es,
fort von dir, den lieb ich hab;
nimm mein Herz, oh, nimm und halt es,
halt es fest, sonst rutsch ich ab.

[6] D. A. Carson: *Basics for Believers: An Exposition of Philippians* (Grand Rapids, MI: Baker Academics, 1996), S. 12–13.

Es geht nicht darum, was du tust ...

John Ortberg:
Ich – einzigartich
Wie ich so werde, wie
Gott wollte, dass ich bin.

Gebunden · 352 Seiten
Mit Wendeschutzumschlag
ISBN 978-3-86591-863-5

Sie sind eine göttliche Idee. Gott persönlich hat Ihnen
Leben eingehaucht. Und was für eines! Er weiß, wozu Sie
fähig sind. Unermüdlich steht er Ihnen zur Seite, um das
Beste aus Ihrem Leben zu machen. Denn Sie sind sein
Werk. Sie sollen aufblühen. Sich entfalten. Lebensfreude
verströmen. Das ist Gottes Geschenk für Sie.

Doch wenn Gott wirklich so viel mit Ihnen vorhat, warum
merken Sie dann nichts davon? Warum sind Sie nicht der
Mensch, der Sie gern wären?

John Ortberg hat verblüffende Antworten parat. Und er
zeigt Ihnen, wie Sie so werden, wie Gott wollte, dass Sie
sind. Ein erfrischender Ratgeber zu einem erfüllten Leben.

*„Es gibt in diesem Buch keine Seite, auf der ich nicht einen
Gedanken, einen Satz oder einen ganzen Abschnitt farbig
angestrichen hätte."*
Leserstimme

Mehr Tiefgang für Ihre Beziehung zu Gott.

John Ortberg:
Das Leben, nach dem du dich sehnst
Geistliches Training für
Menschen wie du und ich.

Gebunden · 256 Seiten
ISBN 978-3-86591-516-0

Beim Christsein geht es um mehr, als es gerade so in den Himmel zu schaffen. Es geht um mehr als um Vergebung. Es geht um mehr als um Information oder Konfirmation. Im Mittelpunkt des christlichen Glaubens geht es um Veränderung!

Es geht um einen Gott, dem nicht nur unser „geistliches Wohl" am Herzen liegt, sondern der Einfluss auf jeden Bereich unseres Lebens nehmen möchte. Einem Gott, dem wir nicht im Kloster, sondern am Küchentisch oder im Büro begegnen, beim Autofahren und Kinder-ins-Bett-Bringen.

In diesem Buch gelingt es John Ortberg, die altbewährten und jahrhundertelang erprobten heiligen Gewohnheiten – wie Feiern, Dienen, Einsamkeit, Beichte u. a. m. – modern und straßentauglich zu beschreiben. Dieses geistliche Training schafft den Rahmen, in dem Gott Veränderung bewirken kann.

Leben mit einem großen Gott.